KB162204

성공하는 30대가 되기 위해

절대로 물들지 말아야 할
70가지 습관

이 책의 한국어판 저작권은 PLS를 통한 저작권자의 독점 계약으로 함께북스에 있습니다.
신저작권법에 의해 한국어판의 저작권 보호를 받는 저작이므로
무단 전재와 복제를 금합니다.

KASEGERU 30 DAI NI NARUTAME NI ZETTAI NI
SOMATTE WA IKENAI 70 NO SHUKAN
copyright ⓒ Takuya Senda 2011
All right reserved.
Original Japanese edition published by DAIWASHOBO
Korean translation rights arranged with DAIWASHOBO
through Timo Associated Inc., Japan and PLS Agency, Korea.
Korean edition copyrights ⓒ 2013 by HARMKKE Publishing Co., Seoul.

성공하는 30대가 되기 위해

절대로
물들지
말아야 할
70가지
습관

센다 타쿠야 지음 | 유가영 옮김

하께
BOOKS

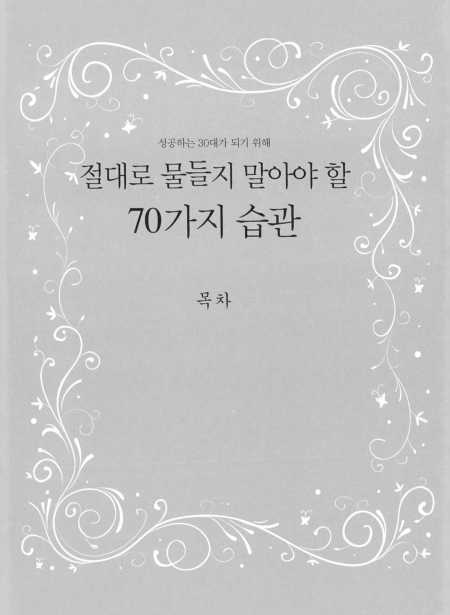

성공하는 30대가 되기 위해

절대로 물들지 말아야 할 70가지 습관

목차

제1장 성장

'이제 어엿한 사회인'이라고 생각하는 당신에게

제2장 자세

사회인에 대해 오해하고 있는 당신에게

제3장 시간

언제나 '시간이 부족하다'고 생각하는 당신에게

제4장 정보

세상은 '정보의 강자'가 승리한다고 생각하는 당신에게

제5장 일

'상사와의 트러블'로 고민하는 당신에게

제6장 돈

'조금이라도 이득을 보고 싶다'고 생각하는 당신에게

제7장 인간관계

'친구가 적은' 것을 남몰래 고민하는 당신에게

머리말

사람은 사회에 나와 처음 5년간 익힌 습관을 평생 반복한다

나는 경영 컨설턴트를 하면서 지금까지 3,000명이 넘는 임원과 1만 명이 넘는 직장인들을 만나왔다.

그들은 '30대에 두각을 드러내는 그룹'과 '그렇지 않은 그룹'으로 명확히 나뉘었다. 즉, 차이를 알 수 있는 것은 30대부터라는 것이다.

간혹 20대 초반에 일시적으로 높은 평가를 받는 사람이 있는데 몇 년 후에는 무참히 무너지는 경우가 많다.

반면 입사 당시에는 두드러지지 않았지만 솔직함을 무기로 주위로부터 많은 조언을 얻어 눈에 띄게 실력을 향상시켜 나가는 사람이 있다.

성장하는 사람과 그렇지 않은 사람의 차이는 지능지수도 운도 아니다. 또한 노력만으로 성장할 수 있는 것도 아니다.

바로 24시간, 365일 무심코 하고 있는 사소한 습관이 결정타가 되는 것이다.

사회인으로서의 습관은 처음 사회인이 되었을 때부터 어엿한 한 사람 몫을 하기 시작하는 입사 5년차 때까지 형성된다.

일시적인 노력은 일시적인 성공으로 끝난다. 하지만 습관이 되면 지속적으로 성공할 수 있다. 성격은 바꿀 수 없지만 행동은 바꿀 수 있다. 습관이 인생을 만드는 것이다.

이 책은 70가지 구체적인 예를 들어 악습을 소개하고 있다. 대부분 평범한 30대가 종종 하고 있는 행동들이다. 많은 사람들이 이런 악습에 물드는 것은 단지 그것이 편하기 때문이다.

하지만 이런 습관에 물들어버린 30대가 과연 지금 성공하고 있을까?

모든 악습에는 공통적으로 '책임지기 싫다.'는 마음이 자리 잡고 있다. 결단을 피하고 변명으로 자신을 위로하기 때문에 불평불만으로 가득 찬 인생이 되고 만다. 결코 행복한 인생이라고는 할 수 없다.

미래 사회를 짊어지고 나갈 20대들에게 당부하고 싶은 말은 부디 자신의 인생에 책임감을 갖고 꿋꿋이 싸워 나가주길 바란다는 것이다.

한 번뿐인 인생을 이왕이면 좋은 습관으로 가득 채워 성공한 인생으로 만드는 편이 낫지 않을까. 정치인에게 괜한 트집을 잡으면서 실업 수당이나 받는 중년이 되고 싶은 사람은 없을 것이다.

그렇다면 자신의 손으로 돈을 버는 인생을 살자. 그 편이 인생의 선택지도 넓어지고 행복해질 수 있기 때문이다.

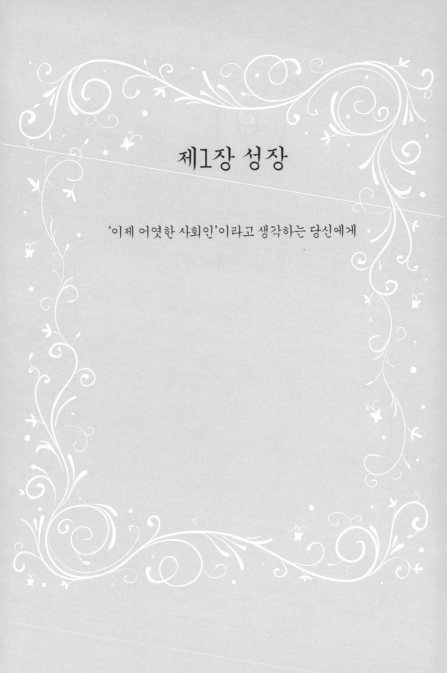

제1장 성장

'이제 어엿한 사회인'이라고 생각하는 당신에게

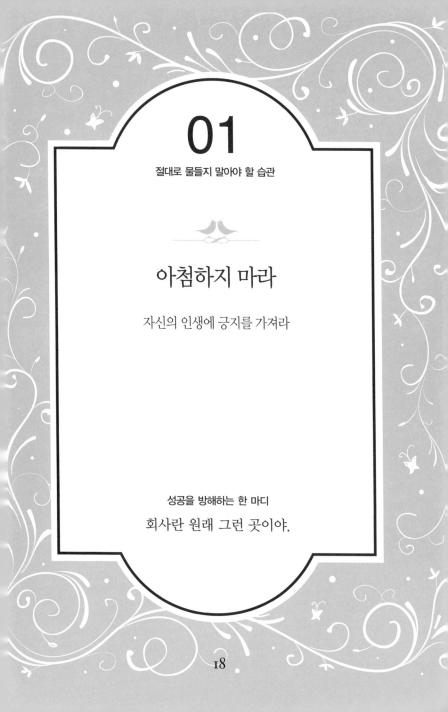

01

절대로 물들지 말아야 할 습관

아첨하지 마라

자신의 인생에 긍지를 가져라

성공을 방해하는 한 마디

회사란 원래 그런 곳이야.

대부분의 사람들은 윗사람에게 아첨하고 아랫사람에게 으스댄다. 인간이란 존재는 무의식적으로 강자에게는 아첨하고 약자는 괴롭히고 싶어 한다. 그 이유는 싫은 일을 꾹 참으면서 하고 있기 때문이다.

싫은 일을 꾹 참고 억지로 하다 보면 거기에는 반드시 괴로움이 발생한다.

사람은 싫은 일을 계속 참으면서 홀로 살아가지 못한다. 그렇기 때문에 위아래로 동료를 만들고 스트레스를 풀며 마음의 균형을 잡으려고 하는 것이다.

하지만 크게 성공하는 사람은 아첨하지 않는다. 윗사람에게 아첨하지 않는 사람은 아랫사람을 괴롭히는 일도 없다. 자신이 좋아하는 일을 하면서 삶에 긍지를 갖고 있기 때문에 누군가를 괴롭히는 일이 무의미한 것이다.

아첨하지 않는 것과 겸허한 것은 전혀 모순된 행동이 아니다. '인생을 이토록 좋아하는 일로만 가득 채울 수 있어서 감사하다.'면서 항상 겸허한 자세로 실력을 길러나가기 때문에 아첨할 필요도 없는 것이다.

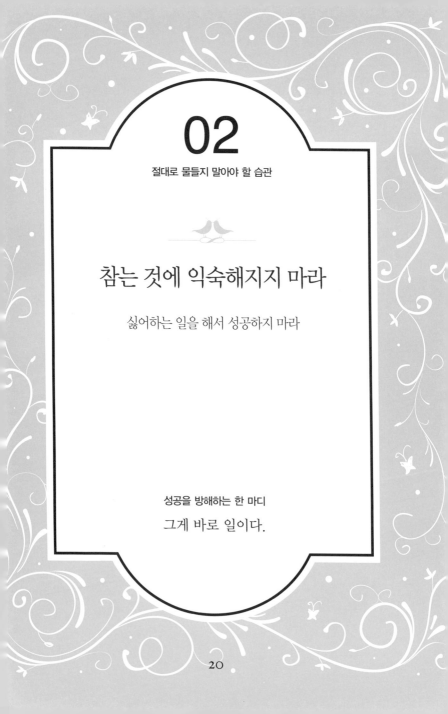

02

절대로 물들지 말아야 할 습관

참는 것에 익숙해지지 마라

싫어하는 일을 해서 성공하지 마라

성공을 방해하는 한 마디

그게 바로 일이다.

'성공하기 위해서는 싫은 일도 참고 견뎌야 한다.'는 것은 잘못된 인식이다.

참고 견디면 그 끝에는 밝은 미래가 기다리고 있다고 생각하지만 현실은 그렇지 않다. 인내의 끝에는 더 큰 인내가 강요될 뿐 아무리 시간이 지나도 밝은 미래는 찾아오지 않는다.

오히려 참고 견디는 것에 익숙해져서 자신이 참고 견디는 인생을 보내고 있다는 인식조차 사라져버린다. 특히 요령과 머리가 좋은 사람일수록 위험하다.

어설프게 요령 좋고 머리가 좋은 탓에 싫은 일도 척척 해내기 때문에 자꾸만 싫은 일을 떠맡게 된다.

그 결과 인생이 싫은 일로 가득 차 생지옥 속에서 살게 되는 것이다. 자칫 잘못해서 싫어하는 일에서 성공하는 것은 좋아하는 일에서 실패하거나 싫어하는 일에서 실패하는 것보다 훨씬 불행한 일이다. 좋아하는 일에서는 실패를 하더라도 얼마든지 다시 도전할 수 있다. 그리고 싫어하는 일에서 실패하면 일찌감치 진로를 변경할 수 있기 때문에 행복한 것이다.

03

절대로 물들지 말아야 할 습관

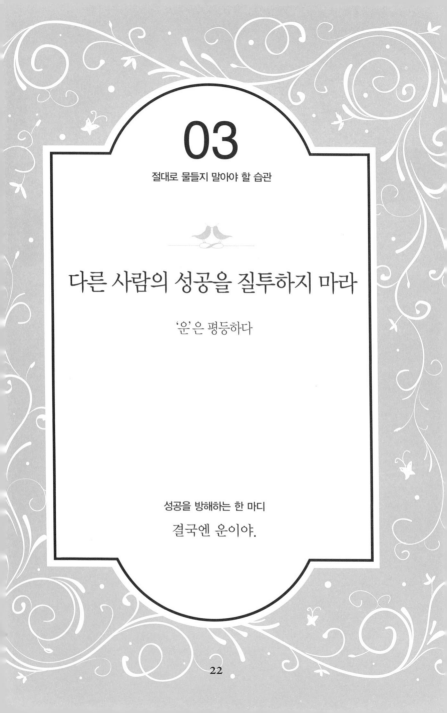

다른 사람의 성공을 질투하지 마라

'운'은 평등하다

성공을 방해하는 한 마디

결국엔 운이야.

다른 사람이 성공하거나 출세하면 '역시 운이 좋았던 거죠?'라고 묻는 사람이 있다. '성공의 비결은 운'이냐고 묻는 사람의 특징은 '실력으로는 나도 뒤지지 않지만 운에서 졌다.'고 믿는다는 것이다. 하지만 유감스럽게도 그것은 착각에 불과하다.

성공의 동아줄은 누구에게나 매일 똑같이 내려온다. 결정적인 차이점은 성공의 동아줄을 깨닫는 힘과 한 번 잡으면 절대 놓치지 않는 악력이다.

성공의 기회를 깨닫는 힘은 일이든 사생활이든 자신의 마음속 1지망에 과감히 맞서 나감으로써 키울 수 있다.

1지망 우선주의는 바람이 이루어지면 이 세상 최고의 천국을 맛볼 수 있지만 바람이 깨지면 지옥의 고통을 맛보게 된다. 그렇기 때문에 희노애락의 폭을 넓힐 수 있다.

희노애락의 폭을 넓히면 성공의 기회를 깨닫는 힘이 향상되는 것이다.

그리고 기회의 끈을 잡는 악력은 끊임없는 도전 속에서 기회의 고마움을 통감하며 향상해가는 수밖에 없다.

다른 사람의 성공을 질투하고 있을 여유는 없는 것이다.

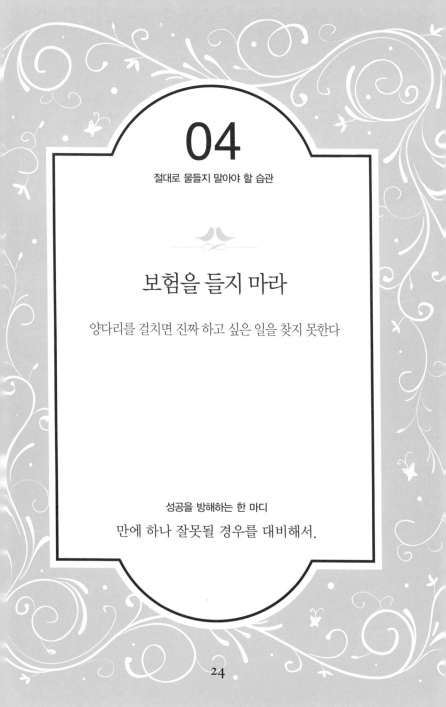

04

절대로 물들지 말아야 할 습관

보험을 들지 마라

양다리를 걸치면 진짜 하고 싶은 일을 찾지 못한다

성공을 방해하는 한 마디

만에 하나 잘못될 경우를 대비해서.

보험에는 생명보험이나 손해보험만 있는 것이 아니다. 보험은 우리의 인생 전반에 걸쳐 따라 다닌다.

진정한 인연이 나타날 때까지 잠시 적당히 마음에 드는 이성과 사귀는 것도 보험이다. 정말로 하고 싶은 일을 찾을 때까지 그럭저럭 하고 싶은 일을 하면서 생계를 유지하는 것도 보험이다.

한심한 30대는 인생 전반에 걸쳐 갖가지 보험을 들어 둔다.

처음에는 진심으로 하고 싶은 일을 하기 위한 보험이었는데 어느샌가 보험만 드는 인생이 되어버린다.

성공하는 사람은 보험을 최소한도로 억제한다. 무턱대고 보험을 들지 않고 진심으로 하고 싶은 일에 도전해가는 과정 속에서 더욱 많은 경험과 지혜를 얻는 것이 미래를 향한 가장 큰 보험으로 생각한다.

진심으로 하고 싶은 일에 도전하는 사람은 양다리를 걸치지 않는다. 양다리는 단순히 2배의 에너지만을 필요로 하는 것이 아니다. 시간 2배 × 돈 2배로 최소 4배의 에너지를 소비하게 된다. 그럴 바에야 처음부터 진심으로 하고 싶은 일에 4배의 에너지를 쏟는다면 훨씬 많은 것을 얻을 수 있다.

05

절대로 물들지 말아야 할 습관

힘든 순간 친구들을
불러 모으지 마라

힘든 시기는 유연하게 보내자

성공을 방해하는 한 마디

혼자 고민해 봤자 답은 나오지 않아.

조금만 힘든 일이 생겨도 곧장 '다들 들어 봐.'라며 친구들을 불러 모으는 사람이 있다. '거봐, 말도 안 되지.', '어떻게 생각해?'라고 사람들에게 동정을 구한다. 그리고 그것만으로는 성에 차지 않아 SNS나 블로그에서까지 울분을 터뜨린다. '유유상종'이라는 말처럼 그 주위에는 그와 비슷한 사람들만 모여든다.

불만을 발산함으로써 스트레스를 해소시킬 뿐 그것을 실행력으로 전환시키지 못하는 사람인 것이다. 실행력을 향상시키기 위해 평소 적당한 스트레스는 필수조건이다. 불만을 입으로 발산해버리는 것이 아니라 건강 음료처럼 꿀꺽 삼키는 것이다.

적당한 스트레스는 반드시 실행력의 원천이 되어준다. 이를 그러기 위해서는 힘든 일이 생겼을 때 호들갑 떨지 말아야 한다. 처음에는 억지로라도 태연한 척 해 보자. 그러면 1분 후에는 상황이 상당히 호전될 것이다.

힘든 상황은 호들갑을 떨면 더욱 심각해지지만 의연하게 대처하면 진정된다. 유능한 사람은 힘든 상황에서도 허둥대지 않는 사람에게 손을 내밀어 준다.

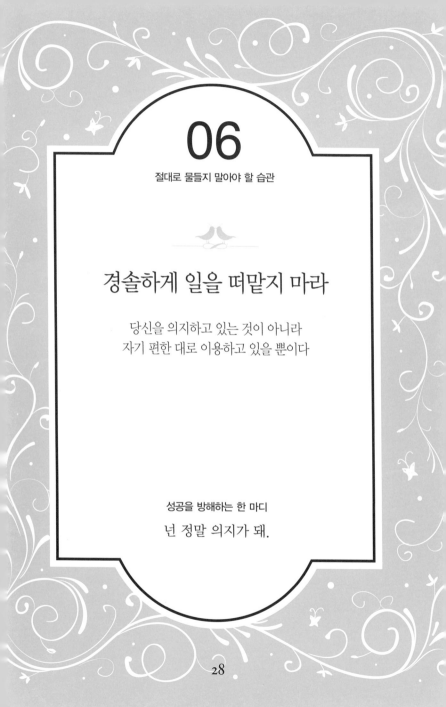

06

절대로 물들지 말아야 할 습관

경솔하게 일을 떠맡지 마라

당신을 의지하고 있는 것이 아니라
자기 편한 대로 이용하고 있을 뿐이다

성공을 방해하는 한 마디

넌 정말 의지가 돼.

일을 하면서 '긴급 용건'을 계속 외치면서도 기한을 지키지 못하는 사람이 있다. 주위 사람들을 실컷 고생시켜놓고도 기한을 맞추지 못한다. 주변을 살펴보면 이런 사람은 늘 같은 인물이다. 기한을 지키지 못한 사람은 일처리는 미숙하지만 기한을 지킨 사람보다 훨씬 문제가 많다.

'보다 높은 완성도를 위해 늦었다.'는 것은 '보다 세심하게 수술을 하려다 시간이 지연되어 과다출혈로 죽어버렸습니다.'는 것과 같은 의미다.

프로란 시간을 엄수하면서도 세심하게 일을 처리하는 것이 출발선이다.

기한을 넘기더라도 세심하게 처리하고 싶다면 그것은 일이 아닌 취미에 불과하다. 기한을 넘기는 사람의 공통점은 이것저것 경솔하게 일을 떠맡아버린다는 점이다. 일에는 '중요하면서 긴급한', '중요하지만 긴급하지 않은', '중요하지 않지만 긴급한', '중요하지도 않고 긴급하지도 않은' 4가지가 존재한다. 일을 잘하는 사람은 언제나 '중요하면서 긴급한' 일에만 전념한다. 일을 못하는 사람은 그 외의 3가지 일을 하기에 급급할 뿐이다.

이 4가지를 제대로 분류할 수 있다면 일의 8할은 끝난 것과 마찬가지다.

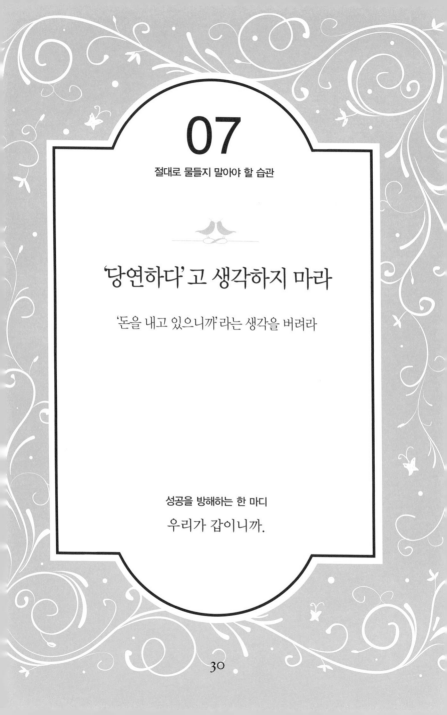

07

절대로 물들지 말아야 할 습관

'당연하다'고 생각하지 마라

'돈을 내고 있으니까'라는 생각을 버려라

성공을 방해하는 한 마디

우리가 갑이니까.

비교적 큰 회사에 다니는 사람들 중에는 거래처를 고자세로 대하는 사람이 많다. 회사의 간판을 자신의 실력이라고 착각하여 '우리가 돈을 주니까.'라는 생각으로 고자세를 취하는 것이다.

그럼에도 '항상 기한보다 하루 먼저 완성한다.', '샘플 한 개를 추가로 서비스한다.'처럼 기대 이상의 일을 해주는 거래처는 반드시 성장한다.

경영 컨설턴트로서 지금껏 다양한 조직들을 봐왔는데 플러스 알파의 서비스를 실행에 옮긴 영세 업체는 대부분 급성장하였다는 것을 확인할 수 있었다. 거만한 태도를 취하고 있던 고객사를 규모와 브랜드에서 앞지른 예는 수없이 많다.

이는 비단 회사뿐만 아니라 개인 간에도 마찬가지다.

상대방을 약자라고 가벼이 보고 후의(厚意)를 깨닫지 못해 무례하게 대하면 훗날 상대방이 출세했을 때 상대해주지 않는다.

출세한 다음 아첨해봤자 이미 늦었다. 상대방의 배려를 '당연'하다고 생각하면 이미 끝이다. 그것을 제대로 깨닫는 사람만이 좋은 관계를 만들어 갈 수 있는 것이다.

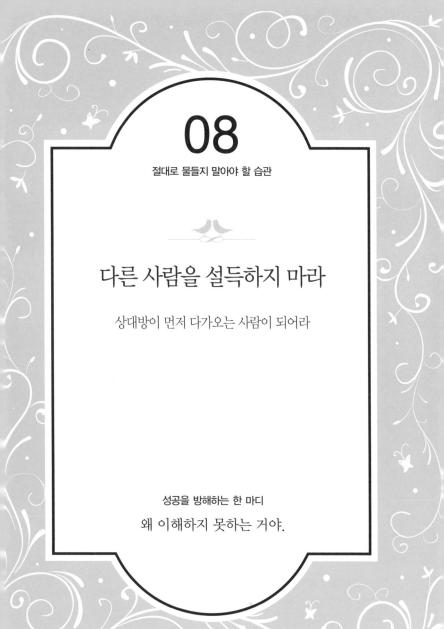

08

절대로 물들지 말아야 할 습관

다른 사람을 설득하지 마라

상대방이 먼저 다가오는 사람이 되어라

성공을 방해하는 한 마디

왜 이해하지 못하는 거야.

실적금 영업 사원이나 특정 종교에 빠져 있는 사람에게 가치관을 강요당하는 경우가 있다. 상대방이 자신의 가치관을 강요하면 할수록 당신의 마음이 멀어져서 두 번 다시 만나고 싶지 않을 것이다. 이와 마찬가지로 당신이 상대방에게 자신의 가치관을 강요한다면 큰 손해를 입을 것이다.

장기적인 성과를 올리지 못하는 사람의 전형적인 패턴은 가까운 사람에게 가치관을 강요하여 결국 고립무원의 상황에 빠진다는 것이다.

결국 노력하면 할수록 사람들이 멀어져 가는 악순환에 빠지게 된다.

상대방을 설득하지 못하면 짜증이 나서 '나는 이렇게 힘들게 노력하고 있는데.'라고 생각하면서 되레 화를 내버린다.

지속적인 성공을 원한다면 다른 사람을 설득하려고 해서는 안 된다. 반대로 상대방이 당신의 가치관에 흥미를 갖고 다가오게 만들어야 한다.

그렇다면 사람들은 어떤 이의 가치관에 흥미를 가질까. 바로 자신을 행복하게 만들어줄 것 같은 사람이다. 행복에 가득 찬 사람에게 그 행복을 나눠 받기 위해 모여드는 것이다.

09

절대로 물들지 말아야 할 습관

부주의로 인한 실수는
부끄러운 줄 알아라

이름의 오탈자는 진정성의 문제다

성공을 방해하는 한 마디

실수는 누구나 하잖아?

직 장인 시절에는 거의 의식하지 못하다가 독립하고 나서야 깨닫게 된 사실이 있다. 그것은 '다른 사람의 이름을 잘못 써서는 안 된다.'는 것이다. 내 이름인 센다 타쿠야(千田琢哉)의 '타쿠(琢)'는 한 가운데 점이 한 획 많은 정자체로 인쇄되고 있는데 이것은 주의하지 않으면 반드시 틀리게 된다.

컴퓨터나 메일로는 표기할 수 없으므로 나도 어쩔 수 없다.

하지만 정식 인쇄물 등의 최종 점검 단계에서 잘못 표기된 것을 확인하면 '이 사람 진심이 아니잖아.'라는 생각이 들면서 단숨에 신뢰성이 사라진다.

실제로 진심이 아닌 사람은 오탈자가 많고 진심인 사람은 오탈자가 적다. 진정성이란 말로는 얼버무릴 수 있어도 행동으로는 얼버무리지 못하는 것이다.

나 역시 예전에 일했던 보험회사의 대표이사에게 연하장을 보낼 때 이름을 잘못 표기한 적이 있다. 세심한 주의를 기울였다고 생각했지만 내 이름과 마찬가지로 한 글자가 정자체로 'ㅡ' 한 획이 부족했다.

과연 그런 사람과 함께 일을 하고 싶은 마음이 들까?

이제는 오탈자가 단순한 실수가 아닌 진정성의 문제임을 깨닫고 있다.

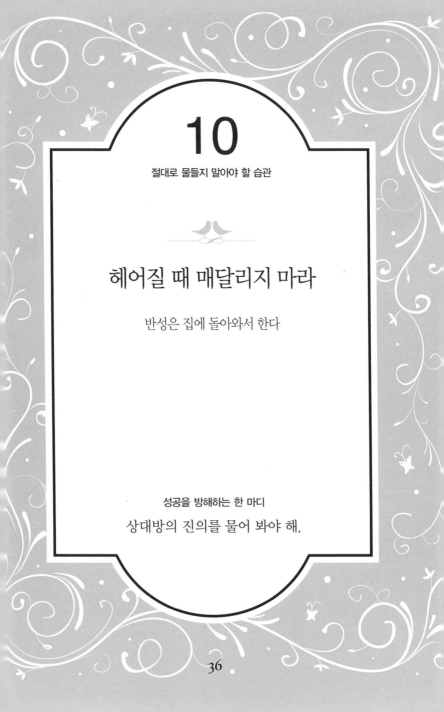

10

절대로 물들지 말아야 할 습관

헤어질 때 매달리지 마라

반성은 집에 돌아와서 한다

성공을 방해하는 한 마디

상대방의 진의를 물어 봐야 해.

매력 없는 사람의 공통점은 헤어질 때 모습이 추하다는 점이다. 이는 남녀 교제뿐만 아니라 거래처와의 관계에서도 여실히 드러난다. '헤어지자.'고 이별을 고하는 상대에게 '어디가 마음에 안 드는데?', '마음에 안 드는 점이 있으면 전부 고칠 테니까.'라며 집요하게 들러붙는다.

사실 상대방이 '헤어지자.'고 말할 때는 이미 몇 십 번, 몇 백 번 경고를 보낸 다음 결단을 내린 것이다.

이를 눈치 채지 못하고 앞으로 고치겠다고 하는 것은 애당초 해결책이 되지 못한다. 상대방은 그런 둔한 감성에 더욱 정나미가 떨어져 당신을 점점 더 싫어하게 되는 것이다.

성공하는 사람은 이별을 통보받았을 때 결코 붙잡고 늘어지지 않는다. 그 즉시 이별을 받아들여 이별을 고한 상대방이 오히려 '뭐? 그렇게 선선히?'라며 놀란다. 그리고 '사실은 내가 차인 거 아닌가?'라고 돌이켜보게 된다.

상대방이 어리둥절할 정도로 깔끔하게 보내준다면 오히려 관계 회복 가능성도 높다. 이별은 깔끔하게 하도록 하고, 후회는 집에 돌아가 혼자 있을 때 하자.

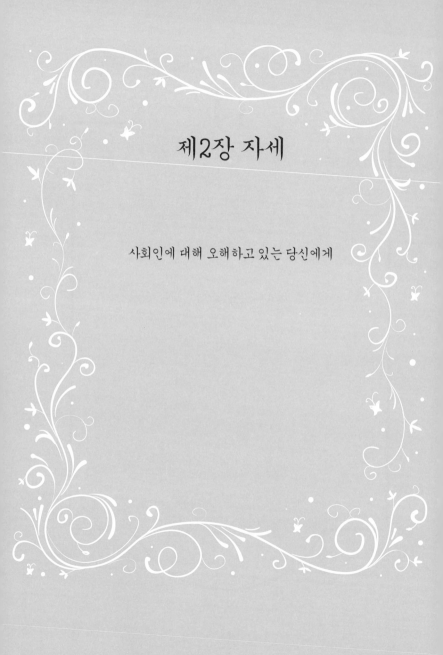

제2장 자세

사회인에 대해 오해하고 있는 당신에게

11

절대로 물들지 말아야 할 습관

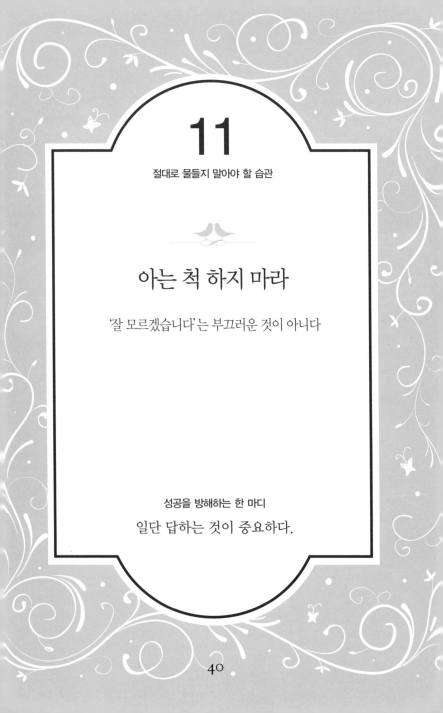

아는 척 하지 마라

'잘 모르겠습니다'는 부끄러운 것이 아니다

성공을 방해하는 한 마디

일단 답하는 것이 중요하다.

한심한 30대는 솔직하게 '잘 모르겠습니다.'라고 말하지 못한다. 자신은 프로이기 때문에 고객보다 많이 알고 있다고 허세를 부린다. 그러나 아는 척은 실력 부족에서 오는 열등감의 또다른 표현이다.

그런데 요즘에는 고객이 오히려 더 많은 정보를 갖고 있는 경우가 많다. 정보를 갖고 있는 고객은 대개 자신의 전문 분야에서도 상당히 뛰어난 사람이다.

실력이 한수 위인 사람이 자신보다 실력이 낮은 사람이 아는 척 하는 것을 간파하는 것은 식은 죽 먹기다.

거짓말로 아는 척을 한 탓에 우수 고객을 놓치는 경우도 적지 않다. 해당 고객이 '거짓말쟁이라서 신뢰할 수 없다.'고 여기기 때문이다. 성공하는 사람은 '죄송합니다. 공부가 부족한 탓에 잘 모르겠습니다.'라고 솔직하게 말한다. 아무리 공부해도 새로운 정보가 무한대로 쏟아져 나오기 때문에 모르는 것 자체는 창피한 일이 아니다.

'잘 모르겠습니다.'라고 말한 뒤 곧바로 정확한 정보를 제공할 수 있도록 노력하면 되는 것이다.

12

절대로 물들지 말아야 할 습관

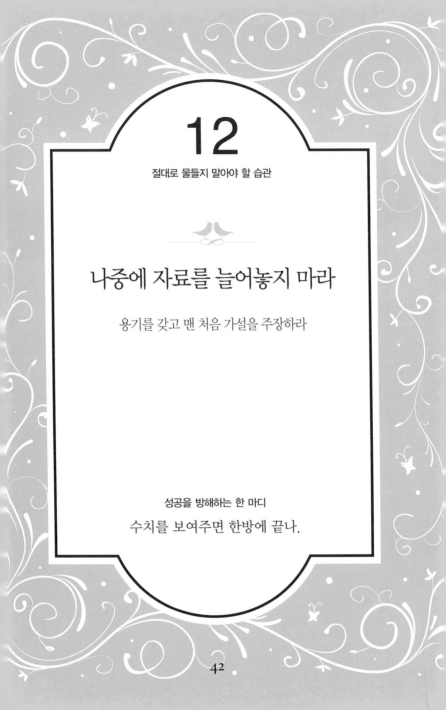

나중에 자료를 늘어놓지 마라

용기를 갖고 맨 처음 가설을 주장하라

성공을 방해하는 한 마디

수치를 보여주면 한방에 끝나.

한심한 30대 중에는 다른 사람이 제시한 가설에 '뒤늦게' 자료를 늘어놓는 사람이 많다. 누군가 가설을 주장할 때까지 가만히 있다가 가설을 주장하는 사람이 나오면 '기다리고 있었다!'는 듯이 준비해온 자료로 꼬투리를 잡는다.

다른 사람의 가설에 아무리 꼬투리를 잡아봤자 유능하다고 평가받지 못한다. 성공하는 사람은 가설이 먼저라고 생각한다. 가설이란 완전한 근거가 있는 것은 아니지만 '그렇지 않을까.'라는 임시적인 예측이다. 따라서 자료와 대조하여 검증한 결과 일치하는 것도 있고 그렇지 않는 것도 있다. 하지만 일치하는지의 여부는 가설의 가치와 전혀 상관이 없다.

가설은 자료와 일치하는지 아닌지가 아닌 누군가 처음으로 주장했다는 것에 의미가 있다. 즉, 가설은 용기인 것이다. 노벨상은 나중에 자료를 늘어놓은 사람이 아닌 가설을 구축한 용자에게 수여되는 것이다.

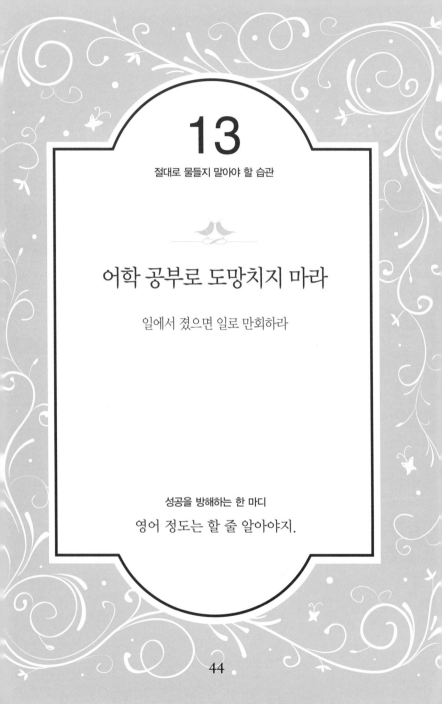

13

절대로 물들지 말아야 할 습관

어학 공부로 도망치지 마라

일에서 졌으면 일로 만회하라

성공을 방해하는 한 마디

영어 정도는 할 줄 알아야지.

영어 공부는 여전히 유행하고 있다. 하지만 토익 점수가 커리어에 직결되는 것처럼 부추기는 것은 기업이 아닌 외국어 학원이다. 외국계 기업의 입사 시험이나 일부 국내 기업의 승진, 승격에 토익 점수를 요구하는 경우도 있다. 그러나 그것은 결정타가 아닌 필요조건의 극히 일부에 지나지 않는다.

일에서 좌절감을 맛보고 영어 공부에 열중해봤자 본질적인 해결은 되지 않는다.

순수하게 영어 실력만으로 돈을 벌기 위해서는 그야말로 놀라움을 금치 못할 정도의 실력이 요구된다.

성공하는 사람은 결코 눈앞의 일을 내버려두고 어학 공부로 도망치지 않는다. 어학은 어디까지나 수단일 뿐 목적이 아니라는 확고한 관점을 가지고 있다. 만약 일에서 두각을 나타내 사비(社費) 유학을 권유받았다면 입학 시험에 합격한 후 현지에 가서 진정한 어학 실력을 닦으면 된다.

먼저 지금 하고 있는 일에 정말로 필요한 공부가 무엇인지를 간파하자.

14

절대로 물들지 말아야 할 습관

가르치기 좋아하는 사람이 되지 마라

자신보다 못한 사람을 가르치고 우월감에 젖으면 끝장이다

성공을 방해하는 한 마디

후배를 돌봐주는 것도 업무다.

공부 못하는 사람의 특징은 자신보다 더 공부 못하는 사람을 가르치려 든다는 점이다. 지난달에 막 골프를 시작한 사람이 오늘 골프를 시작한 사람에게 인생론에 입각한 강의를 하고 싶어 하는 것도 마찬가지다. 사람은 자신보다 조금 불행한 사람을 발견하면 동정하고 도와줌으로써 우월감에 젖는 것을 좋아한다.

이는 자신은 더는 성장할 의지가 없으며 자신보다 못한 사람을 가르침으로써 존재 의의를 확인하고 있는 것이다.

회사에서도 이미 출세 코스가 막힌 선배들 중에는 가르치기 좋아하는 사람이 많다. 성공하는 사람은 요청받지 않는 한 다른 사람을 가르치려 들지 않는다. 애초에 자신은 아직 발전 단계에 있다는 의식이 강하기 때문에 가르치는 데 거부감을 느끼는 것이다. 반면 한심한 30대는 자신을 완성 단계에 있다고 생각한다.

이 둘은 재수생과 같은 필사적인 배움의 자세를 가졌는지 아닌지로 쉽게 구분할 수 있다. 그리고 배움을 멈추지 않는 사람은 끊임없이 변화하기 때문에 '가르쳐 달라.'며 주위에서 사람들이 모여든다. 그래서 성공하는 사람에게는 늘 후배들이 따라다니는 것이다.

15

절대로 물들지 말아야 할 습관

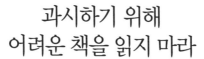

과시하기 위해
어려운 책을 읽지 마라

좌절감을 주는 책은 성장의 증거다

성공을 방해하는 한 마디

베스트셀러는 꼭 읽어야 해.

'**책**을 많이 읽을 수 있는 요령이 있습니까?', '독해력을 기르는 요령이 있습니까?'라는 질문을 자주 받는다. 책을 많이 읽는 요령은 만화, 동화, 소설, 비즈니스 서적, 전문서 등 장르를 불문하고 관심 있는 분야부터 읽어보는 것이다. 흥미를 가졌다는 것은 곧 좋아한다는 의미이며 내버려둬도 '더 깊이 알고 싶다.'는 호기심이 솟아날 것이다.

따라서 시작이 만화였다고 해도 호기심에 맡겨 두면 점차 다른 장르의 책도 읽게 되는 것이다. 동화도 마찬가지다. 아동용 책이더라도 저자는 그 시대를 대표하는 천재였음을 잊어서는 안 된다. 그리고 독해력을 기르기 위해서는 독서 외의 시간에 뭔가 다른 것에 도전하는 인생을 사는 것이다.

도전하는 인생이란 연애든 일이든 마음속 1지망에 맞서 나가는 것이다.

쉬운 길이나 허세가 아닌 진짜 좋아하는 것에 도전할 때 사람은 격한 희노애락을 느낀다. 그 경험이 한 권의 책보다 더 많은 것을 깨달을 수 있는 감성을 길러주는 것이다.

16

B급 자격증 수집가가 되지 마라

자격증은 취직에도 이직에도 별 도움이 되지 못한다

성공을 방해하는 한 마디

이력서에 인품을 쓸 수는 없잖아.

한심한 30대는 의외로 공부를 좋아한다. 전철 안에서도 도서관에서도 카페에서도 늘 열심히 문제집을 푼다. 공부하는 행위 자체는 비난받을 일이 아니다. 다만 그것을 다른 사람에게 평가받고 싶어서 들이대는 것이 문제다. 중도 채용 면접 때 단번에 탈락되는 사람이 B급 자격증 수집가다. 이력서의 자격증란이 부족할 정도로 취득한 자격증들이 빽빽이 적혀 있다. 게다가 ○○ 2급이나 □□ 3급 등 어느 것 하나 전문가라고 할 수 없는 어중간한 것뿐이다.

이럴 경우 면접관이 '그렇게 자신감이 없는 걸까.', '어지간히 일을 못하나 보군.'이라고 생각해도 어쩔 도리가 없다.

실제로 일 잘하는 사람은 평범한 운전면허 정도만 가지고 있다. 일에서 충분히 성과를 올려 존중받고 있기 때문에 일부러 자격증을 취득하려고 하지 않는 것이다. 물론 지금 하는 업무에 직결되는 자격증이라면 재빨리 취득하겠지만 그것은 어디까지나 일의 수단이라고 생각한다.

노력과 성과는 별개의 것이다.

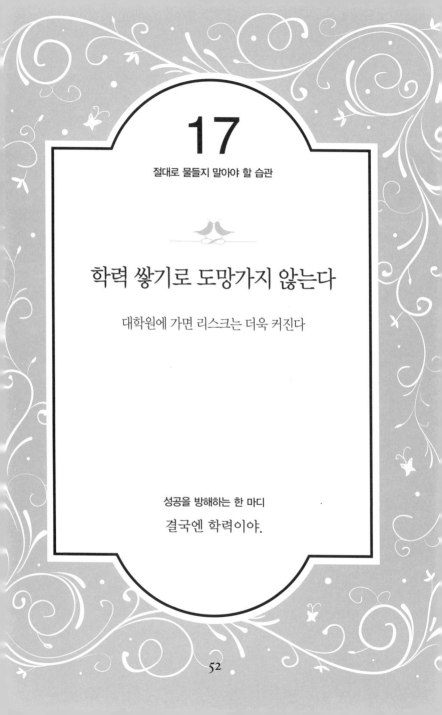

17

절대로 물들지 말아야 할 습관

학력 쌓기로 도망가지 않는다

대학원에 가면 리스크는 더욱 커진다

성공을 방해하는 한 마디

결국엔 학력이야.

최근에는 대학도 경영이 위태로워져서 생존 방안을 모색하지 않으면 도산 가능성이 높아진다. 그래서 착안한 것이 사회인을 위한 대학원이다. 성과가 오르지 않아 힘들어하는 직장인들의 심금을 울리는 광고 문구를 부각시켜 학력 쌓기를 부추긴다.

여기서 중요한 것은 '커리어 향상에는 MBA가 필수!'라고 외치는 것은 기업이 아닌 학교 관계자라는 사실이다.

일에서 좌절했다는 것을 핑계로 딱히 학문에 흥미가 있는 것도 아니면서 대학원에 가는 것이다. 그러나 20대에 대학원이라는 우회로를 선택하면 돌이킬 수 없는 결과를 초래할 수 있다. 당장 돈벌이를 하지 못하는 것은 둘째 치고 재취업조차 뜻대로 되지 않을 위험이 있다. 그렇지 않아도 업무 능력이 부족한데다 다시 학생 신분으로 돌아가 나이만 먹게 되기 때문이다.

성공하는 사람은 커리어 향상의 수단으로 자신의 학력을 치장할 마음은 털끝만큼도 없다. 평생 벌어야 할 돈을 다 벌고 난 다음 느긋하게 관심 있는 분야를 깊이 탐구하기 위해 대학원에 진학하는 편이 훨씬 편안할 것이다.

18

절대로 물들지 말아야 할 습관

자기만족을 위한 노력은 하지 마라

잠이 오는 공부는 하지 마라

성공을 방해하는 한 마디

노력은 언젠가 보상받는다.

한심한 30대의 공부법은 학창 시절의 연장선이다. 항상 졸린 눈을 비비며 수마와 전투를 벌인다. 괴로운 것이 곧 노력이며 노력은 언젠가 보상받는다는 확인되지 않은 정보를 믿고 있는 것이다. 일에서도 마찬가지로 그들은 만성적인 수면 부족 상태처럼 늘 멍하다. 다만 몰두하고 있는 시간만큼은 길기 때문에 노력했다는 자기만족에 젖을 수 있는 것이다. 하지만 그 외에 별다른 이점은 없다.

성공하는 사람은 졸음을 참아가며 하는 공부는 절대 하지 않는다. 그런 공부는 소중한 인생의 시간을 낭비하는 것이라고 생각한다. 그래서 좋아하는 것만 원하는 만큼 공부하고 그것을 업무에도 활용한다. 좋아하는 공부를 하다 보면 저절로 정신이 말똥말똥해져서 수면 시간이 줄어드는 것이다.

즉, 성공하는 사람은 공부가 너무 즐거운 나머지 무심코 수면 부족이 되어버리는 것이다.

'조금 피곤하니까 쉬자.'는 것이 한심한 30대의 공부법이라면 '조금 피곤하니까 공부하자.'는 것이 성공하는 사람의 공부법이다.

19

절대로 물들지 말아야 할 습관

동성끼리 어울려 다니지 마라

진심을 털어놓을 수 있는 이성 친구를 만들어라

성공을 방해하는 한 마디

경쟁사에 대해 연구하는 거야.

멋진 이성과 함께라면 모를까 동성끼리 무리지어 다니는 것은 꼴사납다. 하지만 동성끼리 무리지어 행동하는 편이 압도적으로 많다. 친한 동성 셋이서 몰려다니며 행동할 때의 매너가 최악이라는 것은 잘 알려진 사실이다.

사람은 무리지어 다니면 그만큼 배짱은 커지지만 감성은 둔감해진다. 카페에서 자기들끼리 큰소리로 떠들거나 길을 막고 널찍이 걷는 등 주위에 대한 배려심이 사라진다.

그럼에도 불구하고 서로 미묘한 라이벌 의식이 있기 때문에 진심을 말하지 못한다. 정보 교환이라는 핑계로 빈번하게 술자리를 갖거나 무턱대고 친구를 늘리는 것도 한심한 30대의 특징이다.

다른 사람을 만나는 데에 인생의 태반을 허비해버리기 때문에 혼자서 차분히 성장할 수 있는 시간이 없다. 성공하는 사람은 동성끼리 어울려 다니지 않는다. 동성에게서 얻을 수 있는 것은 이성에게서 얻을 수 있는 것에 비해 너무 적기 때문이다. 반면 세대와 성별이 다른 이성에게 배울 수 있는 것은 놀랄 만큼 많다. 정기적인 만남을 가질 수 있는 이성 친구가 있는 사람은 반드시 성장한다.

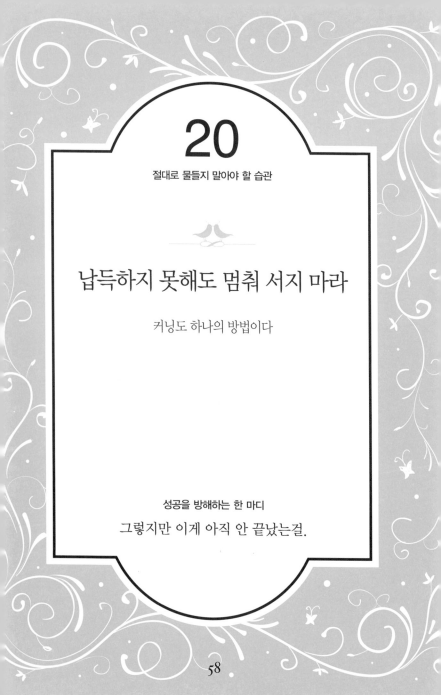

20

절대로 물들지 말아야 할 습관

납득하지 못해도 멈춰 서지 마라

커닝도 하나의 방법이다

성공을 방해하는 한 마디

그렇지만 이게 아직 안 끝났는걸.

학창 시절 공부 못하는 사람의 특징은 납득할 수 있을 때까지 앞으로 나아가지 못한다는 것이다. 이런 사람들은 숙제로 10문제를 내줬을 때 첫 번째 문제를 이해하지 못하면 나머지 문제도 풀지 않는다. 시험도 마찬가지로 첫 문제를 모르면 계속 생각에 잠긴 채 시험을 끝내버린다.

그런데 비즈니스에서도 이 같은 행동을 반복해버리는 사람이 있다. 학창 시절의 일이야 추억담으로 웃어넘길 수 있지만 사회인이 된 이상, 그럴 수 없다. 기한 내에 끝내지 못하면 주위에 연관된 사람들의 신뢰를 한순간에 잃게 된다. 결국 사람도 돈도 모두 멀어져 간다. 성공하는 사람에게 가장 중요한 항목은 시간 엄수다.

일처리가 아무리 뛰어나도 지각하면 사형이라는 긴장감을 갖고 사는 것이다.

그렇기 때문에 납득하지 못하는 부분이 있어도 결코 멈춰서지 않는다. 할 수 있는 부분부터 하나씩 끝내고 앞을 향해 척척 나아간다. 그리고 남는 시간에 주위의 협력을 얻어 납득하지 못한 부분을 처리한다.

학창 시절과 달리 사회인은 '먼저 해낸 사람의 답'을 마음껏 커닝해도 되는 것이다.

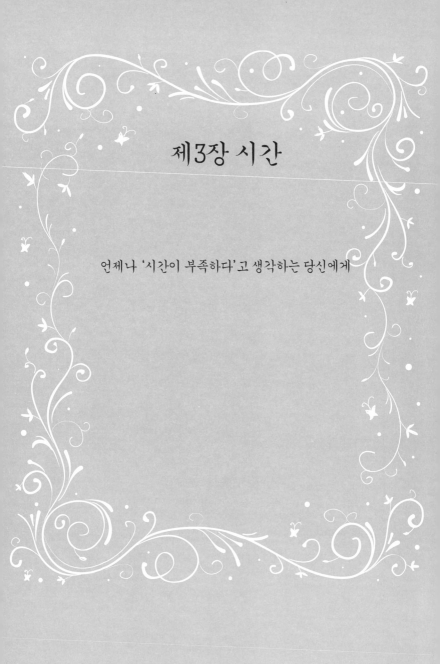

제3장 시간

언제나 '시간이 부족하다'고 생각하는 당신에게

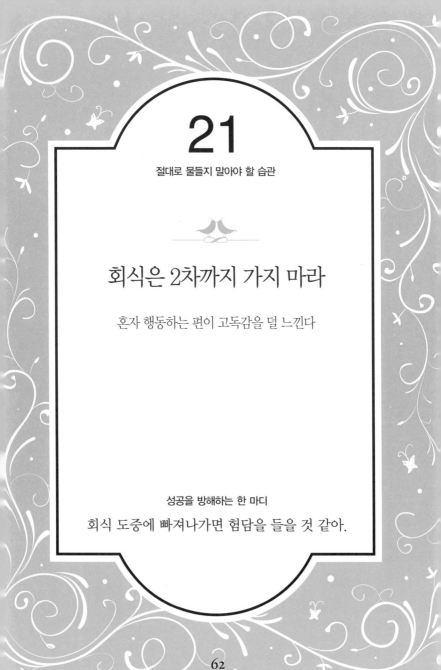

21

절대로 물들지 말아야 할 습관

회식은 2차까지 가지 마라

혼자 행동하는 편이 고독감을 덜 느낀다

성공을 방해하는 한 마디

회식 도중에 빠져나가면 험담을 들을 것 같아.

한심한 30대는 날짜가 바뀔 때마다 지겹게 회식을 한다. 성과는 오르지 않고 위아래로 치여 이러지도 저러지도 못하는 탓에 울분을 풀 데가 없기 때문이다. 게다가 회식에 참석하지 않으면 '사교성이 부족하다.'는 험담을 들을까봐 몹시 두려워한다,

하지만 막차가 끊겨 택시를 타고 혼자 집으로 돌아가는 길이 되면 현실과 마주할 수밖에 없다. 고독을 달래기 위한 장시간의 회식이었는데 오히려 고독감이 더욱 심해질 뿐이다.

성공하는 사람은 2차에는 참석하지 않는다. 1차가 끝날 무렵 모두가 부산스레 추렴하고 있을 때 간사에게 돈을 조금 더 건네주고 산뜻하게 자리를 뜬다.

한심한 30대들이 가게 앞 보도를 가로막고 '2차는 어떡하지? 어디로 갈까?'라고 옥신각신하고 있을 무렵, 성공하는 사람은 전혀 다른 세계에서 자신이 좋아하는 일을 즐기고 있는 것이다.

만약 성공하는 그룹에 들어가고 싶다면 인생에서 2차라는 단어를 지워버리는 것부터 시작하라. 자신만의 시간이 늘고 스스로를 더욱 빛낼 수 있게 될 것이다.

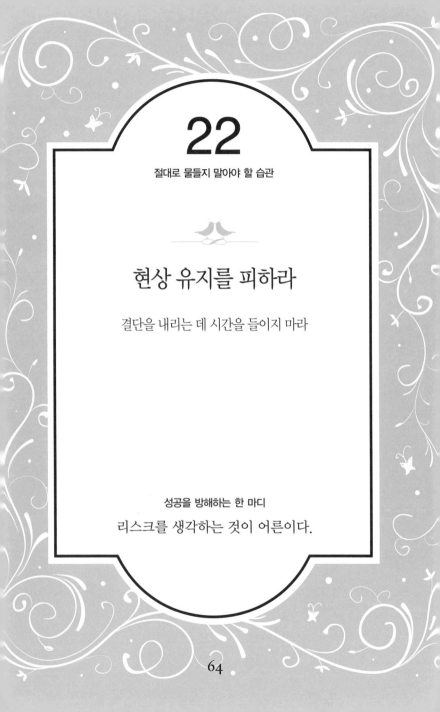

22

절대로 물들지 말아야 할 습관

현상 유지를 피하라

결단을 내리는 데 시간을 들이지 마라

성공을 방해하는 한 마디

리스크를 생각하는 것이 어른이다.

인간은 현 상태를 유지하는 것을 무척 좋아한다. 그래서 그냥 내버려두면 현상 유지를 선택하도록 설정되어 있다. '검토 중'이라는 말을 입버릇처럼 달고 다니는 사람에게는 반드시 현상 유지라는 결과가 정해져 있다.

성공하는 사람은 한결같이 결단이 빠르다. 그리고 빠른 결단을 내리기 위해서는 '검토'하지 말아야 한다.

결단의 전 단계에는 논리적 사고를 통해 어느 쪽이 옳고 그른지를 감정하는 '판단'이 있다. 이 '판단'이라는 토너먼트에서 싸워 이긴 선택지만이 '결단'이라는 결승전에 올라간다.

그리고 '결단'은 직감으로 결정해야 한다. 직감이란 자신의 호불호로 결정된다. '개인의 호불호로 결단을 내려도 괜찮은 걸까?'라는 의문은 불필요하다. 싫어하는 쪽을 선택하고 후회하기보다 좋아하는 쪽을 선택하고 실패하는 편이 낫다.

좋아하는 쪽을 선택해서 실패한 경우에는 결과에 납득하고 다른 선택지로 갈아탈 수 있다. 거기에는 더 이상 망설임이 없기 때문이다. 그래서 좋아하는 일에서 실패하는 것은 오히려 즐겁기까지 하다.

23

절대로 물들지 말아야 할 습관

'늦는다고 문자 보냈잖아. 안 봤어?' 라고 말하지 마라

지각해놓고 되레 화내지 않는다

성공을 방해하는 한 마디

차가 막히는 걸 어떡해.

데이트 약속 장소에서 지각한 사람이 기다려준 사람에게 '늦는다고 문자 보냈는데! 안 본 거야?'라고 되레 화를 내는 광경을 흔히 볼 수 있다. 기다린 사람은 '미안, 문자 온 줄 몰랐어.'라고 사과한다. 우습지만 매일 빈번하게 일어나고 있는 극히 일상적인 광경이다.

한심한 30대는 대개 지각 상습범이다. 그리고 지각 상습범은 동시에 변명의 달인이기도 하다. 변명의 달인은 자신만 모를 뿐 주위로부터 심한 경멸을 받고 있다, 지각하는 사람은 결코 성공하는 사람이 될 수 없다. 회사의 예산은 기한을 맞추는 일의 조합으로 만들어지기 때문이다.

기한을 지키지 않는 사람은 매번 예산 목표를 달성하지 못한다. 기한을 넘기는 것에 익숙해져 버렸기 때문이다. 1년 안에 달성해야 하는 예산 목표를 자기 혼자만 10년이라는 기한을 받으면 누구나 달성할 수 있을 것이다.

따라서 지각 상습범과 예산을 달성하지 못하는 사람은 언제나 동일 인물이다. 성공하는 사람은 상식을 벗어날 정도로 시간에 엄격하다.

24

일과 취미를 구분하지 마라

취미에 몰두해도 유능해지지 않는다

성공을 방해하는 한 마디

취미가 없는 사람은 무슨 낙으로 사는 걸까?

취미 생활을 방해받으면 과잉반응을 보이는 사람이 있다. 실력은 2, 3류지만 취미에 대한 자존심만큼은 터무니없이 높다. 취미야말로 자신의 정체성이기 때문이다. 애당초 싫어하는 일을 꾹 참고 하고 있기 때문에 일과 취미를 명확하게 구분하지 않으면 견딜 수 없는 것이다. 상담 중에도 주제에서 벗어나 취미에 대한 이야기를 자주 하는 탓에 정작 중요한 계약을 성사시키지 못한다. 주위에서도 말이 장황하게 긴 것 치고는 핵심을 찌르지 못하는 사람이라고 비판하며 멀리한다.

성공하는 사람은 일을 취미로 삼거나 취미를 일로 삼고 있기 때문에 취미와 일을 따로 구분하여 생각하지 않는다. 그렇기 때문에 매일 아침 일어나는 것이 즐겁고 항상 일에 집중할 수 있는 것이다.

한심한 30대에게 '취미가 무엇입니까?'라고 질문하면 눈을 빛낸다. 하지만 성공하는 사람은 시답잖은 질문이라는 듯한 표정을 짓는다. 취미와 일을 일체화시키는 데에 성공했기 때문이다. 이것이 인생이라는 시간을 최고로 뜻있게 보내는 방법이다.

25

상대가 제시한 일정 중
가장 빠른 것을 골라라

빠른 일정은 원활하게 진행된다

성공을 방해하는 한 마디

준비 시간을 충분히 확보해야 한다.

한심한 30대는 상대방이 몇 개의 일정을 제시하면 고민한다. 그리고 고민 끝에 두 번째나 세 번째를 마지못해 선택한다. 최악의 경우는 세 가지 모두 형편이 여의치 않다고 답해버리는 것이다. 이렇게 인생의 모든 기회를 놓치게 되는 것이다.

비즈니스 상대가 성공한 사람인 경우 기회는 늘 갑작스레 찾아온다. '오늘 밤 어떻습니까?'라고 물어오는 경우도 많다. 시간이 자신 이외의 무언가에 속박되어 있는 한심한 30대에게는 말도 안 되는 일일지도 모른다. 하지만 '오늘 밤 어떻습니까?'라고 물어오는 사람은 결코 한가한 사람이 아니다. 정말 바쁜 사람은 내일 이후의 약속을 할 수 없기 때문에 '오늘 밤 어떻습니까?'라며 진지하게 물어오는 것이다.

영화 〈카사블랑카〉에서 험프리 보가트는 "오늘 밤 만날 수 있어요?"라는 물음에 "그렇게 먼 미래의 계획은 세우지 않아."라고 답한다. 상대방이 모처럼 제안한 일정에 '이번 주는 회의로 꽉 차 있어서.'라고 답할 바에는 차라리 회의를 취소하거나 예정된 일정을 통제할 수 있는 상태가 된 다음 비즈니스를 시작하는 것이 좋다. 그리고 상대가 제시한 일정 중 가장 빠른 것을 선택하는 습관을 기르자.

26

메일이나 팩스의 제목에 '긴급 용건'을 넣지 마라

'긴급 용건'이란 말을 쓰지 않고 서두르게 만들어라

성공을 방해하는 한 마디

내 일을 우선적으로 처리해 주도록 해야지.

한심한 30대인지 아닌지는 메일이나 팩스를 보면 알기 쉽다. 제목에 '긴급 용건'이라는 말이 들어 있기 때문이다. 하지만 어른들의 비즈니스 세계에서는 제목에 '긴급 용건'이라고 적힌 메일이나 팩스는 모두 뒤로 미뤄도 좋다. '긴급 용건'을 연발하는 사람은 양치기 소년과 비슷해 대개 조직에서 미움 받고 있다. 자신의 실수로 상대방을 재촉하고 있으면서 '긴급 용건'을 남발하고 있기 때문이다.

설령 상대방이 일방적으로 기한을 지키지 못했다고 해도 '긴급 용건'을 쓰지 않고 사무적으로 깔끔하게 패널티를 부과하는 편이 상대방을 서두르게 만들 수 있다.

'긴급 용건'이라는 말을 쓰지 않고 상대방을 얼마나 서두르게 할 수 있는지가 그 사람의 덕망이다.

성공하는 사람은 '긴급 용건'과는 무관한 세계에서 살고 있다. 항상 일정을 미리 앞당겨서 일을 진행하고 있기 때문이다. 만약 상대방이 우물쭈물하고 있으면 '늘 서둘러 처리해 주셔서 감사합니다.'라고 말한다. 그러면 상대방은 기대에 부응하기 위해 서두르게 되는 것이다. 이렇게 해서 일처리가 빠른 사람은 더욱더 속도가 빨라지게 된다.

27

절대로 물들지 말아야 할 습관

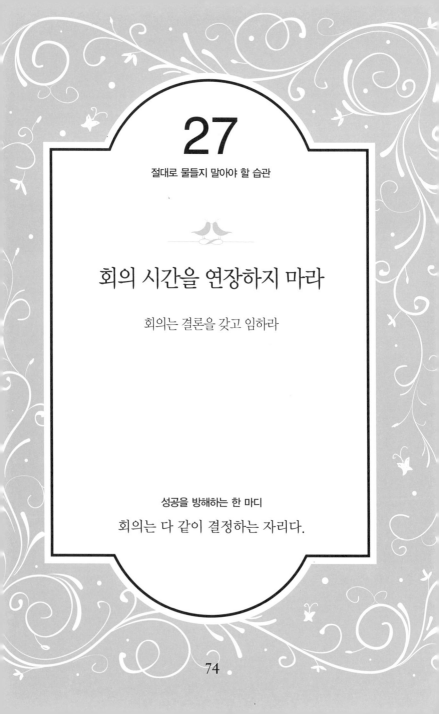

회의 시간을 연장하지 마라

회의는 결론을 갖고 임하라

성공을 방해하는 한 마디

회의는 다 같이 결정하는 자리다.

회의 시간이 긴 회사는 발전하지 못한다. 회의도 일이라고 착각해 결론이 나올 때까지 계속 시간을 연장하기 때문이다. 결국 5분이면 끝날 협의가 1시간, 2시간이 지나서야 끝이 난다. 그리고 이런 무익한 회의를 하는 데 쓰인 인건비는 고객에게서 훔치고 있는 것이나 마찬가지다. 그래서 회의 종료 시간을 엄수하지 못하는 회사는 예산 목표도 달성하지 못한다.

성공하는 사람은 회의에서 중요한 것은 결론을 내는 것이 아니라 종료 시간을 엄수하는 것이라고 생각한다. 그리고 종료 시간을 엄수한다면 결론이 쉽게 나올 가능성이 크다. 회의 시간의 길이와 결론의 질은 반비례하는 것이다.

성공하는 회사의 회의는 이미 참석자가 각자 결론을 내린 상태에서 시작된다. 따라서 곧바로 각자의 의견 발표부터 시작된다. 회의의 취지는 메일 등으로 이미 고지된 상태이기 때문에 서론은 필요 없다.

만약 종료 시간까지 끝날 것 같지 않으면 리더가 결단을 내리기 때문에 조금도 걱정할 필요가 없다.

28

절대로 물들지 말아야 할 습관

체크아웃 직전에 우물쭈물하지 마라

호텔에서 연장 요금을 지불하면 운이 달아난다

성공을 방해하는 한 마디

저혈압이라 어쩔 수 없다.

호텔에서 체크아웃할 때 시간을 끄는 사람은 운이 나쁜 사람이다. 운은 지각하는 사람에게는 주어지지 않는다. 운은 언제나 시간에 철저하게 엄격하기 때문이다. 누군가에게 기회를 줄 때 지각을 밥 먹듯이 해온 사람에게 기회를 주려는 사람은 단 한사람도 없을 것이다.

그런데 왜 제 시간에 체크아웃을 하지 못하는 걸까. 체크아웃 시간을 딱 맞춰 방에서 나오려고 하기 때문이다. 모든 일을 빠듯하게 하는 사람은 어느 순간 모든 일에서 지각하게 된다. 체크아웃 직전의 프런트는 대개 한심한 30대들로 혼잡하다. 그 행렬에 끼게 되면 예정된 전철을 한두 대 놓치게 되고 결국 거래처나 회사에 지각하게 된다. 이렇게 해서 한심한 30대는 점점 더 성공에서 멀어지는 것이다.

성공하는 사람의 체크아웃은 늘 빠르다. 여유를 갖고 체크아웃을 하면 언제나 느긋하고 원활하게 끝낼 수 있다. 전철도 예정보다 빨리 탈 수 있어 하루 종일 시간을 편안하게 즐길 수 있다.

행렬에 늘어서지 않는 습관을 들이자.

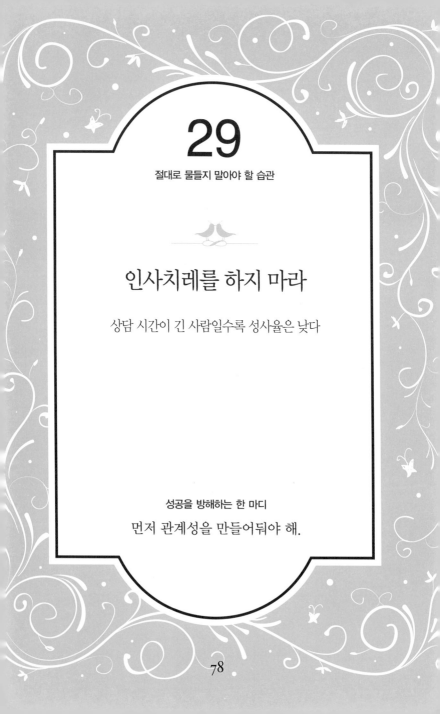

29

절대로 물들지 말아야 할 습관

인사치레를 하지 마라

상담 시간이 긴 사람일수록 성사율은 낮다

성공을 방해하는 한 마디

먼저 관계성을 만들어둬야 해.

한심한 30대는 '그렇게 오랜 시간 웃으며 이야기를 나 눴는데 거절당했다.'라고 불평한다. 상담 시간의 길 이와 성사율은 전혀 관계없다. 성공하는 사람은 상담이 긴 사람을 '시간 도둑'이라고 생각하기 때문에 함께 일하고 싶 어 하지 않는다. 왜 상담 시간이 길면 무익한 걸까. 진심도 아닌 인사치레로 서로를 칭찬하느라 시간을 허비하기 때문 이다. 게다가 인사치레로 시작한 상담은 끝날 때까지 허울 좋은 말만 늘어놓는 경박한 대화로 이어지기 쉽다.

성공하는 사람은 먼저 결론부터 꺼낸다. 그러면 상대방도 단도직입적으로 결론을 말해주기 때문에 시간 낭비를 하지 않게 된다. 상대방이 흥미를 보이며 질문한 경우에만 이유 를 설명하자. 관심이 없다고 확실하게 말해준 상대에게는 조용히 머리 숙여 인사하고 나오면 된다.

이번 상담은 실패했더라도 상대방의 시간을 헛되이 하지 않았기 때문에 다음번 기회를 얻을 수 있는 가능성도 크다. 떠날 때 모습이 그 사람의 가치를 결정하는 것이다.

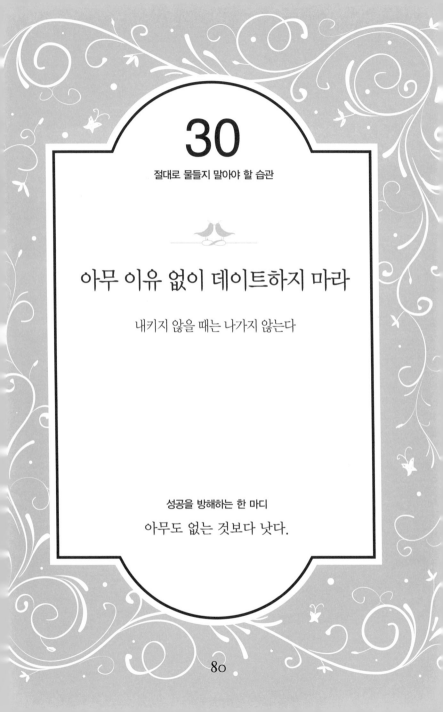

30

절대로 물들지 말아야 할 습관

아무 이유 없이 데이트하지 마라

내키지 않을 때는 나가지 않는다

성공을 방해하는 한 마디

아무도 없는 것보다 낫다.

나는 업무 관계로 젊은 세대와 대화할 기회가 많은데 그들 중에는 아무 이유 없이 이성을 사귀고 있는 사람들이 있다. 그리고 최근에는 그런 커플이 급증하고 있다고 한다.

사귄 지 벌써 3개월이 넘게 지났는데도 본인들은 '잘 모르겠는데.'라는 얼굴을 하고 있다. 이야기를 해보면 '사귀고 있는 건지 어쩐 건지 잘 모르겠다.'는 의미가 아니라 '좋아하는지 아닌지 잘 모르겠다.'는 사람이 적지 않다.

속으로는 '너무 많은 회사일로 지나친 업무로 지쳤어. 휴일엔 늦게까지 자고 싶어.'라고 생각하면서도 이를 꾹 참고 데이트하는 것은 상대방을 좋아하지 않는 것이다.

인생에서 '아무 이유 없이' 시간을 보내는 것만큼 아까운 일은 없다.

성공하는 사람은 인생에서 좋아하지도 않는 사람과 좋아하지도 않는 일을 할 시간을 계산에 넣지 않는다. 정말로 좋아하는 사람과 정말로 좋아하는 일을 하기 위해 산다. 사랑은 노력해서 하는 것이 아니다. 분하지만 무심코 빠져버리는 것이다.

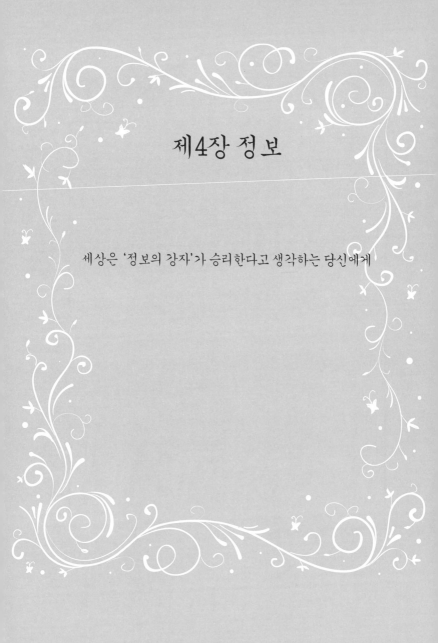

제4장 정보

세상은 '정보의 강자'가 승리한다고 생각하는 당신에게

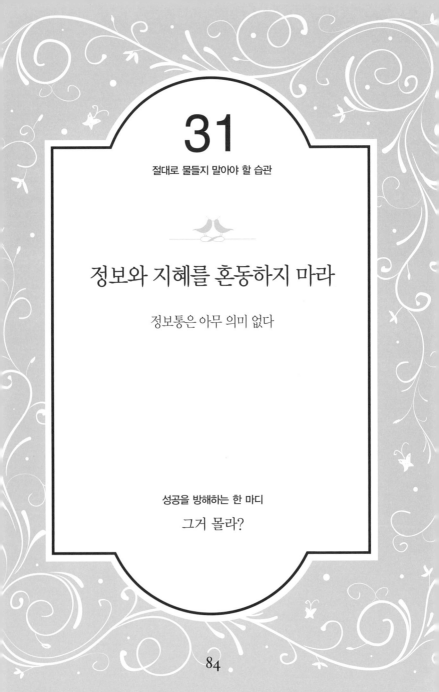

31

절대로 물들지 말아야 할 습관

정보와 지혜를 혼동하지 마라

정보통은 아무 의미 없다

성공을 방해하는 한 마디

그거 몰라?

20세기에는 박식함이 성공의 주요 요인이었다. 하지만 21세기에는 사내 제일의 정보통이라는 것만으로는 성공할 수 없다.

정보란 인간이 컴퓨터에게 가장 밀리는 부분이다. 박식함이라는 우월성은 이미 컴퓨터에게 빼앗겼다. 그리고 최근에는 스마트폰 등의 단말기에게까지 빼앗기고 있다. 따라서 컴퓨터나 스마트폰으로는 할 수 없는 부분에서 인간의 능력이 시험받고 있다.

이제부터 필요한 것은 '인간의 두뇌를 통한 정보' = '지혜'다.

정보라는 단편을 '정보' + '정보'의 형태로 연결한 것이 '지식'이며 '지식'을 곱해서 유기적으로 연결한 것이 '지혜'가 된다. 컴퓨터는 결코 할 수 없는 일이다. 유기적 연결에 결정타가 되는 것은 자신의 경험과 상상력인데 이는 컴퓨터가 가장 취약한 부분이기 때문이다.

조사한 정보를 머릿속에 그대로 받아들이지 말고 고찰하면서 입력하자.

32

절대로 물들지 말아야 할 습관

곧바로 검색하지 마라

생각하는 것이 먼저다

성공을 방해하는 한 마디

먼저 여론을 알아두는 것이 중요하다.

한심한 30대는 자신의 빠른 검색 속도에 도취되어 어떤 정보라도 순식간에 찾아낼 수 있다고 자만한다. 하지만 정보에 접근하는 속도의 격차는 점점 줄어들고 있다. 검색 엔진이 최대한 진화되어 누구나 쉽고 빠르게 최신 정보에 접근할 수 있게 되었기 때문이다.

퀴즈 프로그램을 보면 옛날에는 '뭐든 잘 아는 학교 수재'가 존중받았지만 최근에는 오답이라도 설득력 있는 답을 내는 사람이 높이 평가받는다.

이는 '정보화 시대'에서 '지혜의 시대'로 전환되었음을 보여주는 증거다. 그렇다면 지혜를 기르기 위해서는 어떻게 해야 할까. 먼저 무슨 일이든 곧바로 검색하는 습관을 버려라. 그리고 모범 답안을 찾기 위해 혈안이 되지 마라. 검색하고 싶은 충동을 꾹 참고 아무리 유치해도 좋으니 자기 나름대로 생각해 보자.

자신의 생각과 검색 결과의 차가 크면 클수록 지혜가 길러지고 정보도 더욱 선명하게 새겨진다.

33

절대로 물들지 말아야 할 습관

여기저기 소문을 퍼뜨리지 마라

소문으로 다른 사람을 매료시킬 수는 없다

성공을 방해하는 한 마디

화제가 풍부한 사람에 되어야 해.

한심한 30대의 대화는 반드시 '~라고 한다.'로 끝난다. 모든 정보는 2차, 3차 정보로 자신이 직접 경험하고 느낀 1차 정보가 없기 때문이다.

1차 정보란 직접 발로 뛰고 땀 흘리지 않으면 모을 수 없는 것이다. 때로는 커다란 리스크를 동반하는 경우도 있고 창피를 무릅써야 하는 경우도 있을 것이다. 그렇기 때문에 1차 정보에는 나름대로의 매력이 있는 것이다.

그 어떤 망상이나 소설보다 실제 첫 키스 경험자의 이야기가 훨씬 재미있듯이 아무리 지식을 늘어놓아도 경험자의 체험담은 당해낼 수 없는 것이다.

실패하는 회사의 회의에서는 '~라고 한다.'가 난무하지만 성공하는 회사의 회의에서는 '~였다.'만 존재한다. 실제 체험을 바탕으로 완성된 마케팅 전략과 탁상공론을 거듭한 전략의 실행 결과 차이는 말하지 않아도 알 것이다.

인생에서 '~라고 한다.'를 줄이면 사람과 돈이 모여든다.

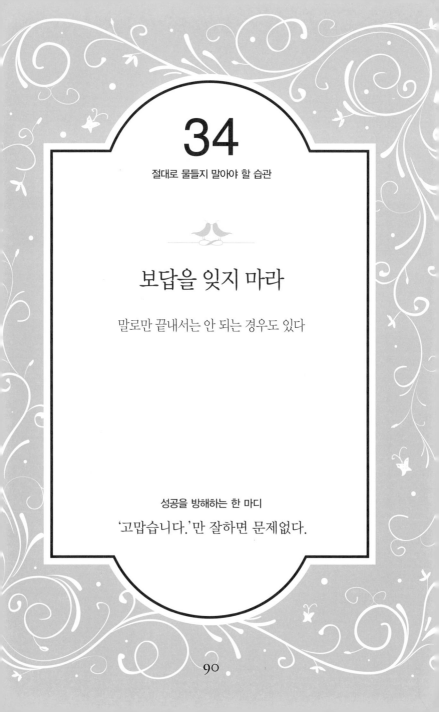

34

절대로 물들지 말아야 할 습관

보답을 잊지 마라

말로만 끝내서는 안 되는 경우도 있다

성공을 방해하는 한 마디

'고맙습니다.'만 잘하면 문제없다.

무슨 일이든 '고맙습니다.'라는 말로 끝내려고 하는 사람이 있다. 적극적으로 감사 인사를 하는 것은 좋지만 그걸로 모든 게 다 해결된다고 생각하면 오산이다. '고맙습니다'라는 말로 다 해결된다고 생각하는 사람은 동시에 '미안합니다'라는 말로 모든 것이 해결된다고 생각하는 사람이다. 장기적인 관점으로 보면 확실하게 덕망을 잃어간다.

예의 바르고 정중한 말투를 쓰지만 일처리가 시원찮은 사람은 '고맙습니다.'로 보답이 끝났다고 생각하는 사람이다.

성공하는 사람은 결코 '고맙습니다.'만으로 끝내는 일이 없다. 뭔가를 받으면 감사 인사에 어떻게 플러스 알파로 보답을 할지 생각해야 한다. 물론 상대방이 자신과는 비교할 수 없을 정도로 수준이 높은 사람일 경우에는 본인에게 직접 보답하기가 어렵다.

예를 들어 상사에 대한 최고의 보답은 성과를 내는 것과 상사에게 배운 것을 부하 육성에 활용하는 것이다. 다른 사람에게 뭔가를 받았다면 반드시 직접적 또는 간접적으로 보답해야 한다.

35

절대로 물들지 말아야 할 습관

험담은 전달하지 마라

험담은 애초에 듣지 않는 것이 최고다

성공을 방해하는 한 마디

뒷담화는 용서 못 해.

정보의 '정(情)'이라는 한자에는 마음이라는 문자가 들어있다. 즉, 모든 정보에는 사랑이 들어 있으며 사랑이 들어있지 않은 것은 정보가 아니라는 것이다.

한심한 30대의 정보에는 항상 사랑이 없다. 험담은 사랑이 없는 정보인데 그런 험담을 전달하는 행위에는 더욱 사랑이 없다. '저 사람이 당신 험담을 했다.'고 일부러 전달하는 사람은 한꺼번에 세 사람을 불행에 빠뜨리고 있는 것이다. 험담을 한 사람과 그것을 전해들은 사람의 관계가 거북해지는 것은 물론이며 험담을 옮긴 자기 자신을 가장 불행하게 만든다.

험담을 전달하면 그 사실은 반드시 양쪽 모두에게 알려진다. 곧이어 누가 험담을 전달했는가 하는 것이 문제가 된다. 그리고 주위 사람들은 험담을 한 사람보다 험담을 전달한 사람이 훨씬 악의적이며 문제의 주범이라고 생각하게 되는 것이다.

성공하는 사람은 험담을 듣더라도 절대 전달하지 않는다. 사랑이 없는 정보는 정보가 아니라고 생각하기 때문이다.

36

절대로 물들지 말아야 할 습관

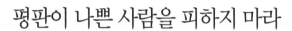

평판이 나쁜 사람을 피하지 마라

미움받는 사람에게 주목한다

성공을 방해하는 한 마디

저 사람은 신경 쓰지 않는 편이 좋아.

한심한 30대는 어울려 다니는 멤버가 늘 같기 때문에 발전이 없다. 정확히 말하면 발전이 없는 것이 아니라 계속 퇴보하고 있다. 고인 물이 썩는 것과 마찬가지다.

비슷한 처지에 비슷한 연봉, 비슷한 발상을 가진 사람들끼리 어울려봤자 새로운 것은 만들어지지 않는다.

성공하는 사람은 항상 자극을 받고 싶어 한다. 무리지어 다니는 것은 싫어하지만 이질적인 사람이나 물건과의 만남에는 적극적이다. 예를 들면 업무상 '저 사람은 평판이 나쁘다.'고 소문난 사람을 꼭 한 번 만나본다. '저 사람은 평판이 나쁘다.'는 정보는 사람들의 입에서 입으로 전해지면서 부풀려지고 왜곡된 부분이 있을 것이다. 그리고 거기에는 반드시 여러 사람의 악의가 담겨 있다.

악의의 바탕에는 질투가 있다. 즉, 평판이 나쁜 사람은 질투를 받는 사람이다. 따라서 그 분야에서 능력 있는 사람일 가능성이 높다. 장래 출세할 가능성이 있는 사람이므로 주목해야 한다.

37

절대로 물들지 말아야 할 습관

부정적인 정보에는
깊이 관여하지 마라

불행한 뉴스에 기뻐하면 얼굴에 드러난다

성공을 방해하는 한 마디

그 일말이야. 내막에 대해 알고 있어?

누군가 불행하다는 뉴스를 들으면 순간 활기가 돌고 식욕이 완성해지는 사람이 있다. 일은 제쳐 놓고 여기저기서 정보를 수집하여 그 정보에 깊이 관여한다. 그렇기 때문에 부정적인 정보에 대해서는 전문가처럼 훤히 알고 있다.

다른 사람의 불행을 확인함으로써 행복감을 느끼는 것은 무엇보다도 자신이 가장 불행하기 때문이다.

부정적인 정보에 깊이 관여하는 사람은 대개 불행한 얼굴을 하고 있다. 부정적인 정보에 재미있어하는 사이에 머지않아 자신도 다른 부정적인 사건에 휘말려갈 준비를 하고 있는 것이다.

성공하는 사람은 부정적인 정보에는 깊이 관여하지 않는다. 부정적인 정보를 들으면 사실관계만 재빨리 파악하고 신경을 끈다. 소란을 떤다고 사실이 달라지는 것도 아니며 사람들이 행복해지는 것도 아니기 때문이다.

성공하는 사람은 자신은 물론 주위 사람들도 행복해지는 일만 생각한다. 그렇기 때문에 자신도 주위 사람들도 행복해지는 것이다.

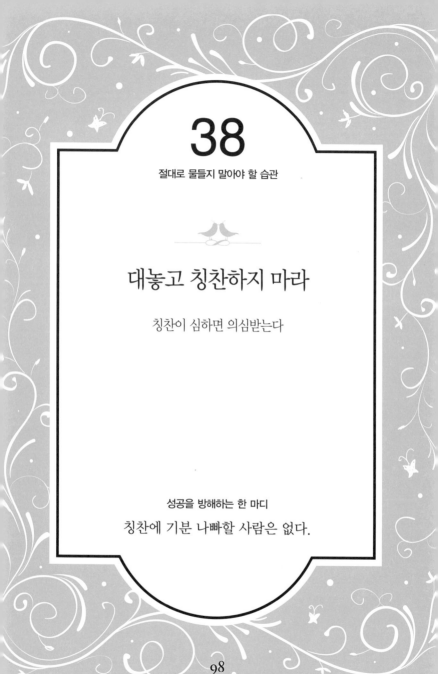

38

절대로 물들지 말아야 할 습관

대놓고 칭찬하지 마라

칭찬이 심하면 의심받는다

성공을 방해하는 한 마디

칭찬에 기분 나빠할 사람은 없다.

'멋져요.', '귀여워요.', '똑똑하네요.', '부자시군요.' 라고 대놓고 말하는 사람일수록 뒤에서는 거침없이 비난하는 경우가 많다. 주위 사람들을 관찰해보면 쉽게 알 수 있을 것이다. 거래처에서 비굴하게 미사여구를 늘어놓는 사람과 사무실에서 거래처를 헐뜯는 사람은 늘 동일 인물이다.

평소에 마구 험담을 한 게 미안해서인지 본인을 만나면 그만큼 극단적으로 비굴해지는 것이다. 그런 진정성 없는 칭찬이 상대방에게 와 닿을 리 없다.

성공하는 사람은 제삼자를 통해 칭찬한다. '저 사람은 멋지군요.', '저 사람은 두뇌가 명석하군요.'라고 칭찬하면 그것이 본인에게 전달됐을 때 기쁨은 몇 배로 커진다.

제삼자를 통해 칭찬할 때는 가능하면 정보를 잘 전달해줄 것 같은 사람을 고르자. 뒤에서는 대부분 험담을 하고 칭찬하는 사람은 극히 드물기 때문에 그것만으로도 충분히 점수를 딸 수 있다. 뒤에서는 칭찬하고 앞에서는 충고하면 신뢰가 깊어진다.

39

절대로 물들지 말아야 할 습관

'솔깃한 정보'를 찾아 기웃거리지 마라

정보를 아까워하지 말고 줘라

성공을 방해하는 한 마디

항상 안테나를 세우고 있어야 해.

한심한 30대는 '뭐 솔깃한 이야기 좀 없을까?'라고 주위 사람들에게 자주 묻는다. 그러면 거기에 진절머리가 난 사람들이 하나둘 떠나면서 정보는 더욱 모이지 않게 된다. 좋은 정보는 반드시 다른 사람이 가져다주는 것이다. 그렇다면 비장의 정보를 받기 위해서는 어떻게 해야 할까.

그것은 자신이 먼저 '비장의 정보'를 내놓는 것이다.

성공하는 사람은 '비장의 정보'를 거침없이 내어준다. '이런 정보를 그냥 알려줘도 괜찮아?'라고 할 만한 정보를 내놓는 것이다. 그러면 그에 필적하거나 그 이상의 '비장의 정보'가 모여들게 된다. 이것이 정보 수집의 비법이다.

예를 들어 블로그나 메일 매거진으로 질 좋은 정보를 공유하면 그것을 본 누군가가 반드시 더 좋은 정보를 제공해준다. 일류 정보를 내놓아도 그것은 일류의 사람밖에 감지하지 못하기 때문이다.

솔깃한 정보를 모으려면 아는 것을 아까워하지 말고 내어줘야 한다.

40

절대로 물들지 말아야 할 습관

다른 이를 행복하게 하지 않는 정보는 전달하지 않는다

보고, 연락, 상담이 항상 좋은 것만은 아니다

성공을 방해하는 한 마디

숨기는 것은 나쁘다.

보고란 결과를 알리는 것이고 연락은 도중 경과를 알리는 것이며 상담은 사전에 계획을 알리는 것이다. 그리고 이들 모두에 공통되는 것은 '다른 이를 행복하게 하지 않는 정보는 전달하면 안 된다.'는 점이다.

업무상 숨기는 일이 있으면 안 된다는 말은 듣기에는 좋다. 하지만 실제로는 알리지 않는 편이 좋은 경우도 많다.

예를 들면 다른 동료의 사생활에 관한 일은 아무리 가까운 사이라고 해도 가벼이 소문내서는 안 된다. 그것은 업무상 정보 전달이 아닌 '퍼뜨리고 싶다.'는 본인의 얄팍한 자기만족에 불과하다.

보고, 연락, 상담이 중요하다고 해도 흥미 본위의 내용이나 일과는 전혀 무관한 내용은 자신의 귀에 들어온 시점에 차단해야 한다.

성공하는 사람의 정보 전달 기준은 명확하다. '그것을 전달함으로써 다른 사람을 행복하게 할 수 있는지'의 잣대로 결정한다. 다른 사람을 행복하게 하지 않는 정보는 이 세상에 존재할 가치가 없는 것이다.

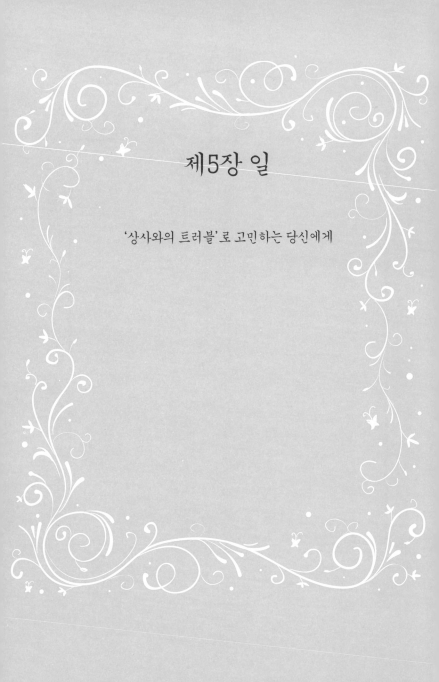

제5장 일

'상사와의 트러블'로 고민하는 당신에게

41

절대로 물들지 말아야 할 습관

모범 답안을 고집하지 마라

도도하게 정론만 주장하면 미움받는다

성공을 방해하는 한 마디

나는 틀리지 않았어.

'제 어디가 틀렸습니까?', '그 말은 모순입니다.'라는 것이 한심한 30대의 상투적인 말이다. 결국에는 '나는 이렇게 옳은 말을 하는데 상사는 알아주지 않는다.', '나무랄 데 없는 제안인데 고객이 알아주지 않는다.'는 말을 남기고 그만둔다.

이런 사람은 머리가 좋고 우수하지만 정작 중요한 것을 모르고 있다. 학창 시절과 달리 사회인이 되면 '옳은 것'보다 '좋아하는 것'이 우선시된다는 사실 말이다.

인간은 싫어하는 사람과 '옳은 일'을 함께하기보다 '틀렸을지도 모르는 일'이라도 좋아하는 사람과 함께 일을 하고 싶어 한다.

정론이나 모범 답안을 밀어붙이는 사람은 미움받는다. 정론이나 모범 답안은 전문가가 말하나 신입 사원이 말하나 마찬가지라 재미없다. 게다가 구글 검색 한 번이면 누구나 접근할 수 있다. 사람을 행복하게 하는 것은 정론이나 모범 답안을 뛰어넘는 부분에 있다. 틀려도 좋으니까 자신의 의견을 말하자.

금요일 저녁에 '월요일 아침까지' 해달라는 요청은 하지 마라

목요일까지는 무슨 일이 있어도 자신의 업무를 끝낸다

성공을 방해하는 한 마디

주말에는 푹 쉬어야지.

아무리 정중하게 쓴 메일이라도 금요일 저녁에 보내는 메일은 치사하다. 본인은 떠넘겼으니까 안심이라고 생각할지 몰라도 그런 교활한 행위는 반드시 상대방에게 들키고 만다.

자신의 휴일을 즐기고 싶은 마음에 금요일 저녁에 '월요일 아침까지'라고 일을 의뢰하는 것은 명백한 반칙 행위다. 상대방은 주말을 반납하고 일하라는 부당한 명령을 받았다고 느낀다. 고의로 한 행동이 아닐지라도 주위로부터 미움을 사는 것은 불 보듯 뻔하다. 결국 아무도 도와주지 않아 성장하지 못하는 인생을 살게 된다.

성공하는 사람은 일을 맡길 때 최소 24시간의 시간을 주는 것을 매너라고 생각한다. 금요일 오후 5시에 메일을 보냈다면 적어도 월요일 오후 5시까지는 답장을 재촉해서는 안 된다. '그렇지만 몹시 급한 사항이다!'는 말은 변명에 불과하다. 자신이 서둘러 일을 진행한다면 다른 사람에게 폐를 끼치지 않고 끝낼 수 있기 때문이다.

43

절대로 물들지 말아야 할 습관

싫은 사람과 두 번 이상 일하지 마라

꼭 참고 싫은 사람과 일을 해도 성장하지 못한다

성공을 방해하는 한 마디

일에 개인의 호불호를 끌어 들이지 마라.

한심한 30대는 싫은 사람과 함께 싫은 일을 계속하는 인생을 보낸다. 인내야말로 행복으로 가는 유일한 길이라고 믿어 의심치 않기 때문이다. 그러나 인내의 끝에는 더 큰 인내가 기다리고 있을 뿐이다. 따라서 참고 견디는 인생을 걸어온 사람은 영원히 참고 견디는 인생을 걷게 되는 것이다.

진정한 성장이란 좋아하는 일을 하면서 배워가는 것이다. 성공하는 사람들은 모두 좋아하는 일을 직업으로 삼아 성장한다. 다만 자신이 좋아하는 일이 무엇인지 일찍 파악한 탓에 일부러 싫은 사람과 싫은 일도 해보는 것이다.

좋아하는 일을 보다 깊이 연구하기 위해 일부러 내키지 않는 사람과 함께 일을 해본다. 무작정 싫어하고 피하기만 한다면 아무 것도 배울 수 없기 때문이다. 단, 같이 한 번 일을 해보고 '역시 아니다.'라고 느끼면 두 번은 하지 않는다.

한심한 30대는 한 번도 경험하지 않고 무작정 싫어하지만 성공하는 사람은 한 번쯤 경험해보고 판단하는 것이다. 직접 겪어보면 나중에 체험의 소재로도 활용할 수 있다.

44

절대로 물들지 말아야 할 습관

메일 확인에 얽매이지 마라

메일 송수신을 업무라고 생각하지 않는다

성공을 방해하는 한 마디

답장은 빨리 하는 것이 매너다.

사무실에 1인당 1대씩의 PC가 보급되면서 한심한 30대가 급증했다. 컴퓨터는 편리한 반면 갖가지 유혹으로 가득 차있다. 일례로 실적이 부진한데도 하루 종일 메일 확인만 해놓고 자신은 열심히 일했다고 생각하는 사람이 있다. 아무 생각 없이 키보드만 만지작거리고 있을 뿐인데 겉으로 보기에는 무척 바빠 보인다. 이런 경우 실적 부진 사원임에도 불구하고 메일 확인을 하고 있는 동안에는 성실한 사원으로 보이기 때문에 죄질이 나쁘다.

성공하는 사람은 단시간에 메일 확인을 끝낸다.

오전과 오후에 시간을 정해 놓고 한 번에 모아서 확인하기 때문이다. 그러면 답신이 늦을 염려도 없고 나머지 시간에는 다른 업무에 집중할 수 있다. 빠른 회신이 나쁜 것은 아니지만 그것에 너무 집착하면 다른 중요한 업무에 지장이 생긴다. 일을 열심히 했다는 착각에 빠지지 않도록 주의하자.

45

절대로 물들지 말아야 할 습관

성가신 일을 받아도
끈질기게 이유를 묻지 마라

물고 늘어질 시간에 냉큼 해치워라

성공을 방해하는 한 마디

시시한 일로 시간을 허비하면 안 된다.

어떤 일을 시키면 끈질기게 그 이유를 묻고 늘어지는 사람이 있다. 이들을 자세히 관찰해 보면 단지 하기 싫어서 시간을 벌고 있을 뿐이라는 것을 알 수 있다. 이러한 습관이 지속되면 아무도 그 사람에게 일을 맡기지 않게 된다.

아무도 상대해 주지 않고 무시하는 것만큼 괴로운 일도 없다. 실력을 기르기는커녕 가장 먼저 해고 대상이 되는 것이다.

무시당할 바에는 차라리 혼나는 편이 낫다.

성공하는 사람은 의뢰받은 일에 대해 끈질기게 이유를 묻지 않는다. 단지 '언제까지 이 일을 끝내야 하는가?', '얼마를 지불해 줄 수 있는가?'라고 기한과 보수에 대해서만 질문한다. 기한은 반드시 준수해야 하는 것이며 보수는 상대방의 각오를 가늠해 볼 수 있는 것이기 때문이다.

성공하는 사람은 기한과 보수에 관해서는 전혀 거리낌이 없기 때문에 엄격하다. 상대방도 그런 태도에 압도당하기 때문에 성가신 일은 맡기지 않게 되는 것이다.

46

희망 부서가 아니라도 불평하지 마라

자신이 속한 부서를 자신의 브랜드로 삼지 않는다

성공을 방해하는 한 마디

자신을 능력을 제대로 살릴 수 있는 것은
자기 자신뿐이다.

한심한 30대들의 공통점은 '인기 부서'와 '브랜드'를 무작정 동경한다는 것이다. 순수하게 일을 즐기는 것이 아니라 '주위 사람들에게 어떻게 보일지'를 중시한다. 사람들의 평판에 목숨을 걸고 있기 때문에 싫은 일로 인생을 가득 채우게 된다.

싫은 일을 하면서 살고 있는 사람의 특징은 '이토록 싫은 일을 꾹 참고 하고 있으니까 인정받는 것이 당연하다.'고 생각하는 오만함이다.

싫은 일을 꾹 참고 손에 넣은 '명성'을 자신의 유일한 정체성으로 여기며 살고 있기 때문에 자존심만큼은 누구보다도 높다. 하지만 명성에만 집착하다가는 사람도 돈도 점점 멀어져 결국 성공하지 못한다. 사람도 돈도 개인의 매력에 끌려 모여든다는 것이 동서고금의 법칙이다.

성공하는 사람은 부서의 배속에는 전혀 관심이 없다. 또한 자신의 꿈과 동떨어진 부서에서 일한 경험이 있는 사람이 출세하는 경우가 많다. 20대의 업무는 '무엇을 했는가?'가 아닌 '어떻게 했는가?'가 중요한 것이다.

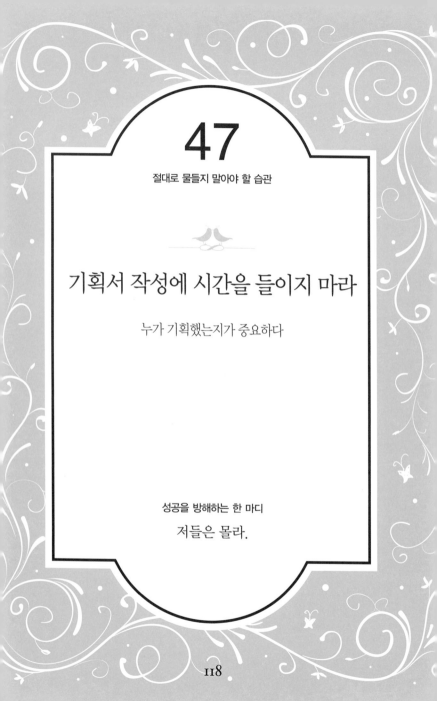

47

절대로 물들지 말아야 할 습관

기획서 작성에 시간을 들이지 마라

누가 기획했는지가 중요하다

성공을 방해하는 한 마디

저들은 몰라.

'**이** 기획을 이해하지 못하다니… 바보로군.' 이것은 한
심한 30대의 입버릇이다. 그러나 기획안이 통과되
지 않는 것은 기획의 내용이 미흡해서도 상대방이 멍청해서
도 아니다. 현실은 좀 더 냉혹하다. 단지 당신이 상대방에게
미움받고 있기 때문이다. 혹은 상대방이 당신에게 무관심하
기 때문이다.

무관심하다는 것은 그 사람의 존재조차 의식하고 있지 않
다는 것이므로 미움받는 것보다 훨씬 심각하다. 기획이란
커뮤니케이션의 계기에 불과하다. 실제 비즈니스에서는 커
뮤니케이션을 거듭할수록 애초의 기획에서 점점 벗어난다.
모든 것이 처음 기획대로 진행되는 일이란 있을 수 없는 것
이다. 이때 서로 동반자 의식을 갖고 함께 극복해나갈 수 있
는지 없는지가 관건이 된다.

결정권자는 기획자가 '최종적으로 도망치는지 아닌지' 그
한 가지를 보는 것이다. 성공하는 사람은 기획서 작성에 쓸
데없이 시간을 허비하지 않는다. A4 한 장에 요점을 정리하
고 나머지는 면담을 통해 '만일의 경우에도 도망치지 않는
사람'이라는 인정을 받기 위해 노력한다.

기획서 성공 여부는 작성 방식의 테크닉과 인간성으로 결
정된다.

48

절대로 물들지 말아야 할 습관

기한에 딱 맞춰 제출하지 마라

아슬아슬 세이프는 지각이나 마찬가지다

성공을 방해하는 한 마디

막판에 강하니까 괜찮아.

항상 바쁜 사람이 있다. 모든 업무를 빠듯하게 처리하고 있기 때문이다. 그들의 공통점은 결국 모든 일에서 기한을 넘겨버린다는 것이다. '아슬아슬 세이프'란 '지각대장 인생'의 지름길임을 깨달아야 한다.

성공하는 사람은 모든 업무를 앞당겨 진행한다. 앞당겨 일을 진행하나 조금 미뤄뒀다 진행하나 바쁜 것은 마찬가지다. 하지만 그에 대한 평가는 전혀 다르다. 전자는 '유능한 사람'이라는 두드러진 개인 브랜드를 구축할 수 있지만 후자는 '한심한 사람'이라는 오명을 짊어지게 된다.

한심한 사람에서 유능한 사람으로 전환하는 계기는 지금 하고 있는 일 중에서 딱 하나만 앞당겨 진행해보는 것이다.

한 가지 업무를 앞당기면 빈 시간이 생기기 때문에 그 시간을 메우기 위해 다른 일을 또 앞당기게 된다. 그러면 모든 일을 마감 전에 끝낼 수 있게 된다. 이것이 습관화되면 모든 일이 순조롭게 돌아간다.

49

절대로 물들지 말아야 할 습관

잡무를 질질 끌지 마라

잡무는 기회를 잡는 업무다

성공을 방해하는 한 마디

이런 일이나 하려고 대학 나온 줄 알아.

'이런 일이나 하려고 대학을 나온 게 아냐.' 이는 한심한 30대가 자주 하는 말이다. 그들은 잡무를 문자 그대로 조잡하게 처리한다. 그것을 본 상사는 '이 정도 잡무도 제대로 처리하지 못 해서야 원. 내년에도 또 잡무를 시킬 수밖에 없군.'이라고 생각한다. 결국 잡무를 대충 처리하는 사람은 영원히 잡무만 맡게 되는 것이다.

하루 빨리 잡무에서 벗어나고 싶다면 잡무의 전문가가 돼야 한다. 온갖 잡무를 전문적인 수준으로 척척 해내야 하는 것이다. 성공하는 사람은 딱 보는 순간 누가 했는지 알 수 있을 만큼 완벽하게 잡무를 처리한다.

한눈에 '이 자료의 호치키스 각도는 그 사람이 한 것이구나.', '이 전화 메모는 그 사람이구나.'라고 알 수 있을 정도로 처리하는 것이다. 상사도 그 정도 수준에 올라 있는 부하에게 언제까지나 잡무만 시킬 수는 없다. '이런 우수한 인재가 잡무만 하다가 그만둬버리면 큰일이야.'라고 생각해서 보다 중요한 업무를 맡기게 된다.

잡무를 기회로 삼아 중요한 업무를 붙잡으면 된다.

50

절대로 물들지 말아야 할 습관

여럿이 무리지어 방문하지 마라

자기 혼자서 부딪쳐라

성공을 방해하는 한 마디

역시 직함의 위력은 무시 못 해.

한심한 30대들이 모인 회사의 특징은 상담을 할 때 여럿이 무리지어 방문한다는 것이다. 보통 3인 1조로 뭉쳐 당당하게 방문한다. 내가 만난 '킹 오브 한심한 회사'는 방문 상담할 때 7명씩이나 떼를 지어 찾아갔다. 예상대로 그 회사는 얼마 안 돼서 도산했다.

단순히 숫자로 상대방을 압도하려는 전략은 20세기에 이미 종말을 고했다. 요즘 그런 행동을 했다가는 '그 인건비만큼 깎아 달라.'는 클레임이 들어온다. 클레임 정도에서 끝나면 괜찮지만 대개는 '이런 회사와는 같이 일할 수 없다.'고 거래를 끊는다.

성공하는 사람과 성장하는 회사는 상담을 할 때 늘 혼자서 방문한다. 취재할 일이 있어서 카메라맨이 필요한 경우에도 절대 두 명을 넘기지 않는다. 성공하는 사람끼리의 상담은 늘 결정권자 둘이서만 하기 때문에 쓸데없는 사전 공작이 필요 없다. 그래서 상담 속도가 빠르며 계약이 성사되기도 쉽다.

상담에는 혼자 가야만 성장할 수 있다.

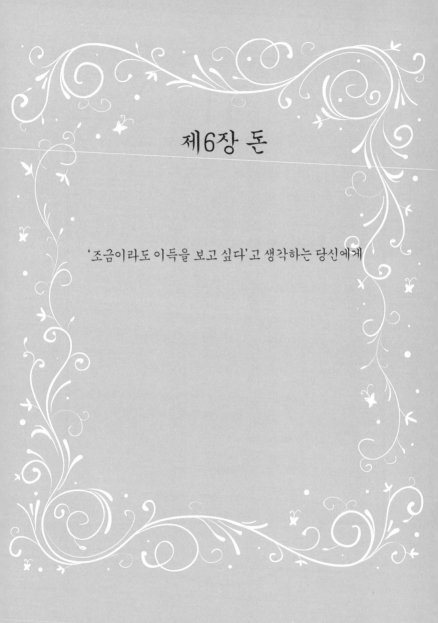

제6장 돈

'조금이라도 이득을 보고 싶다'고 생각하는 당신에게

51

절대로 물들지 말아야 할 습관

경비 정산은 정확히 하라

쩨쩨함은 쉽게 들통 난다

성공을 방해하는 한 마디

일부러 그런 것도 아닌데.

관리직이나 경리부 처지에서 보면 경비 낭비나 교통비 불리기는 눈에 확연히 들어온다. 나 역시 관리직에 있을 때 팀원 25명의 경비 신청 내용을 매일 체크하면서 통감한 부분이다. 컨설팅을 하면서 만난 고객사의 경리부 직원들도 부풀린 경비 청구는 훤히 꿰뚫어볼 수 있다고 입을 모아 말한다.

교통비를 정산할 때 무심코 금액이 틀릴 수도 있다. 그런데 지하철이나 버스 요금을 몇 백 원씩 올려서 청구하는 경우는 있어도 원래 금액보다 낮게 청구하는 경우는 거의 없다.

무심코 틀렸다고는 하지만 자신이 이득을 보는 쪽으로 틀린 것이기 때문에 모르고 했다는 것은 말이 안 된다. 교통비 부풀리기는 100% 고의인 것이다.

교통비의 부정 청구는 신뢰를 실추시킨다. 평생 임금에서 '×1만 배'씩 깎여나간다고 생각하는 습관을 들이자. 2만 원을 부정 청구하면 평생 임금에서 마이너스 2억, 10만 원을 속이면 마이너스 10억인 셈이다.

회사의 문구용품을
집으로 가져가지 마라

개인 문구용품은 직접 사는 것이 즐겁다

성공을 방해하는 한 마디

그렇지만 업무상 쓸 거니까.

회사의 문구용품을 당연하다는 듯이 집으로 가져가는 사람이 있다. 처음에는 '이 정도쯤이야.'라는 마음으로 볼펜 한 자루를 들고 간다. 그러나 해가 갈수록 그런 마음이 굳어져서 한 5년쯤 지나면 집안의 모든 문구용품이 회사 물건으로 가득 찬다.

이런 사람들은 도둑질하는 사람 특유의 표정과 분위기를 자아내게 된다. '자기 물건은 자기 돈으로 산다.'는 사회인의 기본적인 자세를 잃었기 때문이다.

이는 인생 전체에 반영되고 유능한 사람은 곧바로 '어? 왠지 언동이 수상한데?'라고 알아차린다. 그렇게 기회의 가능성이 낮아져 가는 것이다.

천 원짜리 펜을 가져갈 때마다 교활한 표정이 얼굴에 새겨지고 마음은 삭막해진다. 천 원짜리 펜을 가져가면 평생 임금에서 천만 원씩 깎인다고 생각하자.

성공하는 사람은 회사의 문구용품을 집은 물론 회사 밖으로 가지고 나가지 않는다. 고객과 계약을 할 때도 천 원짜리 회사 펜이 아닌 미리 준비한 질 좋은 자신의 펜을 건네는 것이다.

53

절대로 물들지 말아야 할 습관

무료 샘플은 받지 마라

멀리서 지켜보고 마케팅에 활용한다

성공을 방해하는 한 마디

뭘 그렇게 젠체하는 거야?

백화점 시식 코너나 신상품 무료 샘플에 몰려드는 사람이 있다. 우연히 지나가다 하나쯤 받아보는 것은 괜찮다. 하지만 몇 번이나 왕복하거나 계획적으로 대기하면서까지 샘플을 받으려는 사람은 결코 성공하지 못한다.

뭐든지 공짜로 받을 수 있다고 생각하게 되면 인간성이 의심되는 수준이다. 무료 샘플에 몰려드는 사람들의 표정을 살펴보자. 아무리 봐도 유능한 사람의 얼굴은 아니다. 또한 높은 자리에 오를 것 같은 얼굴도 아니다. 앞으로 그들이 성공할 가능성은 없다.

성공하는 사람은 우연히 손에 넣은 무료 샘플에 관심이 생기면 조금 떨어진 곳에서 무료 샘플에 몰려드는 사람들의 모습을 관찰한다. '비루하다'고 깔보기 위함이 아니다.

그 사람들의 특성, 연령층, 직업 등을 순식간에 체크하여 자신의 업무의 마케팅에 활용하려는 것이다. 인간 관찰력과 연 수입은 비례한다.

54

절대로 물들지 말아야 할 습관

계산할 때 자리를 비우지 마라

혼자만 이득을 보지 않는다

성공을 방해하는 한 마디

화장실이 복잡해서 말이야.

한심한 30대는 계산할 때도 오래 걸린다. 회사 동료들과 회식을 끝내고 추렴하는 상황이 대표적인 예이다. 3명이서 9만7천 원이 나왔을 경우 인원수에 맞게 떨어지지 않는다. 그러면 마침 잔돈이 없다는 핑계로 누가 돈을 더 낼지에 대한 미묘한 싸움이 시작된다. 실은 잔돈을 가지고 있더라도 일부러 없는 척하거나 자리를 비운다. 그렇게 3명 모두의 시간이 낭비되는 것이다.

최악의 상황은 이 같은 행동을 계산대 앞에서 하는 경우다. 뒤에 줄 서 있는 다른 손님까지 방해하면서 자신의 눈치 없는 감성을 드러내고 있기 때문이다.

감성이란 뒤쪽에 신경을 쓸 수 있는 것이다.

운전면허 학원에서도 가르쳐주듯이 안전 운전을 위해서는 일정한 간격으로 백미러를 의식할 필요가 있다. 인생도 운전과 마찬가지다.

성공하는 사람은 추렴할 때 똑같이 나눠지지 않으면 솔선하여 더 내자고 마음속으로 정해놓는다. 고작 몇 천 원, 몇 백 원으로 헛된 시간 낭비를 줄이고 감성을 키울 수 있다면 무척 저렴한 투자이기 때문이다.

55

회신용 봉투에
수신인 기입을 잊지 마라

상대방에 대한 상상력을 잊지 않는다

성공을 방해하는 한 마디

거기까지는 지시받지 않았는걸.

상사가 시킨 것만 그대로 하는 것을 일이라고 생각하는 사람이 있다. 그러나 비즈니스는 항상 다른 사람과 협력해야 하는 일이다. 배려심이 없는 사람과 일을 하고 싶어 하는 사람은 없다.

비즈니스에서 성공하는 사람인지 아닌지는 회신용 봉투를 보면 잘 알 수 있다. 회신용 봉투에는 그 사람의 비즈니스 센스가 그대로 투영되어 있기 때문이다. 상대방에게 우편물을 보내 때 회신용 봉투를 같이 보내는 않는 것은 기본이다. 이를 지키지 않으면 제대로 된 업무 상대로 인정받지 못할 뿐더러 '어린애 취급'을 받는다. 두 번째 기회를 얻지 못하는 것은 말할 것도 없다. '우표가 붙어 있는지 아닌지', '착불인지 아닌지'도 중요하지만 이것은 두 번째 사항이다.

첫 번째는 회신용 봉투에 수신인을 기입했는지 아닌지에 대한 것이다. 의뢰받은 입장에서 가장 수고스러운 것이 수신인을 적어야 하는 것이다. 성공하는 사람은 이런 작업을 결코 가볍게 여기지 않는다. 배려는 답신 봉투에서 나온다.

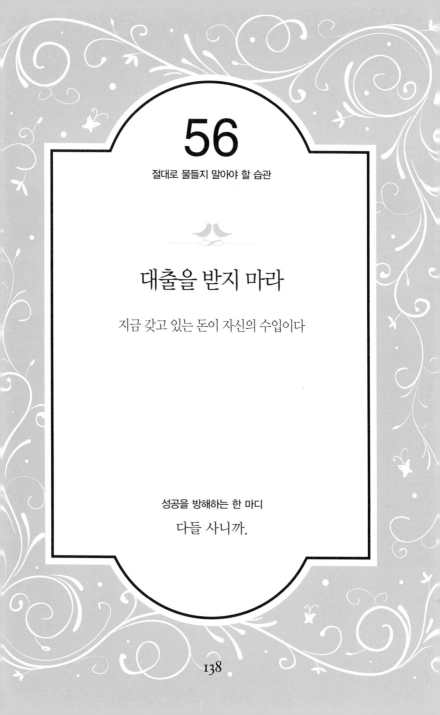

56

절대로 물들지 말아야 할 습관

대출을 받지 마라

지금 갖고 있는 돈이 자신의 수입이다

성공을 방해하는 한 마디

다들 사니까.

직장인의 평균 연봉이 4천만 원을 넘은 지 오래다. 한심한 30대는 고가의 상품을 상징하는 집과 차를 무턱대고 갖고 싶어 한다. 대출을 받으면 뭐든 살 수 있을 것 같이 기분이 든다. 하지만 대출은 요술 방망이가 아닌 엄연한 빚이라는 점을 새삼 인식할 필요가 있다. 몇 년에 걸쳐서 아니 상황에 따라서는 정년이 지나서까지도 상환해야 한다.

달리 말하면 인생의 대부분을 대출금 상환에 얽매여 살아가야 한다는 것이다. 대출금 상환이 끝날 때까지는 집도 차도 남의 것을 빌리고 있다는 사실을 잊지 마라. 현금으로 구입한 것 외에는 모두 분수에 맞지 않는 것이며 급여를 가불하고 있는 것에 불과하다.

성공하는 사람은 대출을 받지 않는다. 돈을 잘 벌기 때문에 대출을 받지 않는 것이 아니라 대출을 받지 않기 때문에 돈을 잘 벌게 되는 것이다. 게다가 장래에 속박당하지 않고 큰 꿈을 거침없이 실현시켜 나갈 수 있다.

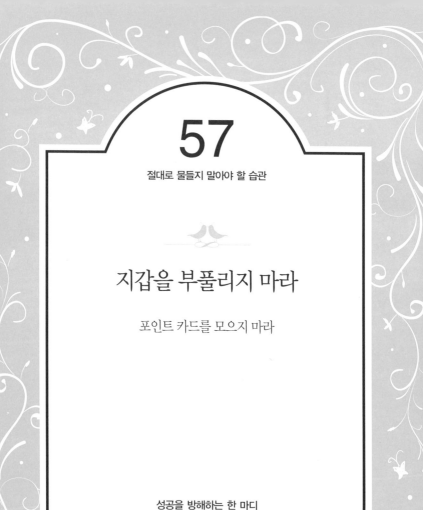

57

절대로 물들지 말아야 할 습관

지갑을 부풀리지 마라

포인트 카드를 모으지 마라

성공을 방해하는 한 마디
현명하게 절약해야 해.

성공하는 사람과 한심한 30대는 지갑의 두께가 다르다. 한심한 30대의 지갑은 돈도 별로 들어있지 않는데도 몹시 두툼하다. 그 이유는 잔돈이나 정리되지 않은 영수증이 잔뜩 들어 있거나 다양한 포인트 카드로 가득 차 있기 때문이다.

지갑은 지갑 주인의 머릿속을 말해 준다. 지갑이 빵빵한 사람은 머릿속이 항상 잡동사니 정보로 가득 차 있는 것이다.

포인트 카드로 이득을 보는 쪽은 소비자가 아니다. 카드를 발행하는 회사만 이득을 본다는 사실을 깨달으면 단숨에 정리할 수 있을 것이다. 포인트 카드로 자신의 가치관을 어지럽히고 필요 없는 물건까지 구입하는 것은 몹시 어리석고 안타까운 일이다. 포인트 카드 때문에 일부러 먼 곳까지 물건을 사러 간다면 자신의 인생을 살고 있다고 할 수 없다.

성공하는 사람은 카드를 최소한으로 제한하고 영수증도 즉시 정리하기 때문에 지갑이 항상 얇다. 잔돈과 지폐가 따로 보관되어 있지만 계산할 때는 빠르고 일도 잘 한다.

가격표를 확인하는 데 주저하지 마라

브랜드 매장에서 당당하게 가격을 물어보자

성공을 방해하는 한 마디

어차피 비싸서 못 살 텐데.

한심한 30대는 데이트 중 유명 브랜드 매장에 들어가면 안절부절못한다. '여자 친구가 갖고 싶어 하는 가방이 비싸면 어떡하지.'라고 불안해하는 것이다. 이런 태도가 '그릇이 작은 인생'으로 더욱 확실하게 만들어간다.

성공하는 사람은 당당하게 가격표를 살펴본다. 예를 들어 페라리를 살만한 충분한 자금이 있고 살 마음도 있는 사람은 당당하게 구체적인 이야기를 진행시킨다. 그렇기 때문에 가격에 신경 쓰는 것이 당연하다. 하지만 사지 않고 구경만 하는 경우에는 점원이 다가올 때마다 쭈뼛거리게 된다. 눈치 보느라 집중해서 상품을 보지도 못한다. 자금도 없고 살 마음도 없기 때문에 점원에게 미안함을 느끼는 것이다.

지금 당장은 살 수 없더라도 개의치 말고 당당하게 가격을 물어보자. 살 마음이 없더라도 당당하게 가격표를 살펴보거나 '가격이 얼마죠?'라고 물어보자. 점원도 여자 친구도 당당하게 가격을 묻는 사람에게 경의를 표할 것이다.

천 원 단위까지 추렴하지 마라

추렴하는 시간은 인생의 시간 낭비다

성공을 방해하는 한 마디

쩨쩨한 게 아냐. 돈 관계는 깨끗해야지.

음식점에서 한참을 떠든 후 계산할 때가 되면 휴대전화로 100원 단위까지 계산하고 있는 여성 그룹을 자주 볼 수 있다. 물론 남자들 중에도 '이런 건 깔끔하게 해야 돼.'라면서 작은 금액까지 추렴하는 데 열심인 사람이 있다. 이런 사람들은 절대 성공하지 못한다.

진심으로 성공하고 싶다면 하루 빨리 그런 그룹에서 벗어나야 한다. 그러면 틀림없이 인생의 시간이 배로 늘 것이다. 100원 단위까지 추렴하는 그룹의 문제는 인생 전체에서 막대한 시간을 허비한다는 점이다. 5분 만에 끝날 협의를 1시간짜리 회의로 연장시키는 회사에는 이처럼 추렴에 신경 쓰는 사람이 많다.

성공하는 사람은 시간에 엄격하다. 시간은 곧 생명의 단편이며 유한하다는 것을 잘 알고 있기 때문이다. 그렇기 때문에 시간을 돈으로 사는 것을 주저하지 않는다. 천 원 단위의 추렴은 시간 낭비라고 생각하고 솔선하여 지불하자.

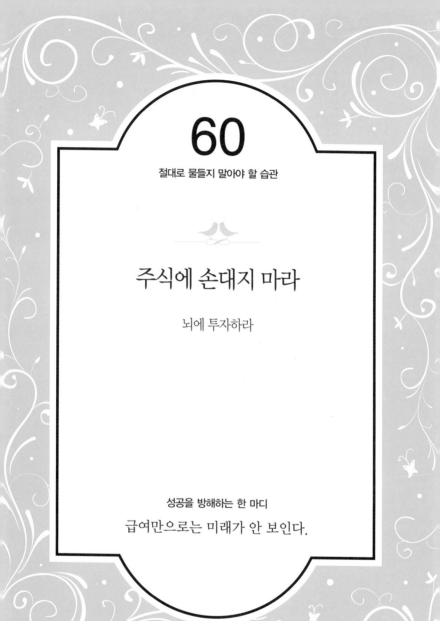

60

절대로 물들지 말아야 할 습관

주식에 손대지 마라

뇌에 투자하라

성공을 방해하는 한 마디

급여만으로는 미래가 안 보인다.

한심한 30대들은 투자라고 하면 주식 투자밖에 모른다. 물론 주식 투자도 훌륭한 투자이지만 투자의 일부에 지나지 않는다. 만약 당신이 주식 투자의 전문가라면 주식에 계속 돈을 쏟아 부어도 된다.

하지만 본업이 따로 있는 아마추어가 주식 투자에 몰두하면 본업에 소홀해지는 것은 당연하다. 주식이란 사람의 심리가 집결되어 움직이는 것이다. 심심풀이로 해보는 수준으로는 결코 성공할 수 없다.

성공하는 사람에게 투자란 자신의 두뇌에 투자하는 것을 의미한다. 학창 시절 공부해야 하는 주요 과목이 5개 정도에 불과했지만 사회인이 되면 선택지가 무한대로 넓어진다. 가장 좋은 것은 스스로 새로운 분야를 만들어내는 것이다. 그리고 자신의 호기심을 자극하는 것에 망설임 없이 투자하면 된다.

누군가 강요하지 않아도 무심코 하고 싶어지는 일이 자신에게 맞는 일이다. 다른 사람이 깔아놓은 레일 위를 실수 없이 걸어가기보다 자신이 하고 싶은 대로 레일을 만들어 가는 인생이 훨씬 행복하다.

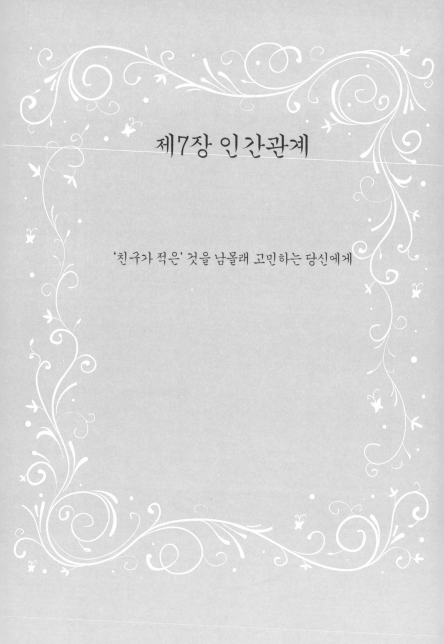

제7장 인간관계

'친구가 적은' 것을 남몰래 고민하는 당신에게

61

절대로 물들지 말아야 할 습관

결혼식에 너무 많은 사람을
초대하지 마라

신경을 쓸수록 친구는 적어진다

성공을 방해하는 한 마디

친구는 소중한 거야.

결혼식 준비에 막대한 시간과 돈을 들여 많은 사람들을 초대하는 사람이 있다. '이 사람을 초대하면 그 사람도 초대해야겠지.'라고 하객 수를 늘리면 늘릴수록 친구를 잃어간다는 사실을 깨닫지 못한다.

하객 수를 늘리면 왜 친구를 잃게 될까. 아무리 많은 사람들을 초대한다고 해도 아는 사람을 모두 초대할 수는 없다. 예식이 끝난 후에 '뭐? 그 사람도 초대받았는데 왜 나는 초대받지 못한 거야?'라고 섭섭해 하는 사람이 나타나는 것이다. 그 결과 불만스럽게 생각한 사람들과 인연이 끊어지는 것이다.

이는 비단 결혼식에만 국한된 이야기가 아니다. 모든 인맥은 본인이 무리하게 '늘리려고 하다가' 끊어져가는 것이다.

성공하는 사람은 가까운 친척과 친구들만 부른 수수한 결혼식을 올린다. 가장 가까운 사람을 소중히 여기는 모습을 보이는 것이다. 그러면 다른 지인들이나 회사 사람들도 '아, 지극히 가까운 사람들만 초대했구나.'라고 이해해준다.

마찬가지로 업무 관련 행사에도 지나치게 많은 사람을 초대하지 않는 것이 좋다. 무리하게 인맥을 넓히려고 할수록 질적으로도 양적으로도 떨어지는 인맥밖에 만들지 못한다는 것이 절대적인 법칙이다.

62

절대로 물들지 말아야 할 습관

노력해서 좋아하려고 하지 마라

싫은 사람을 군이 노력해서 좋아할 필요는 없다

성공을 방해하는 한 마디

'싫다.'는 말은 어른이 할 소리가 아니다.

인간관계를 어렵게 만드는 것은 어른이 모두 심술꾸러기이기 때문이다. 좋아하는 것을 싫다고 말하고 싫어하는 것이라도 좋아한다고 거짓말을 한다. 좋아하는 것을 좋아한다고 솔직하게 말할 수 있는 것은 어린이 혹은 어지간한 어른이 아니면 힘들다.

크든 작든 어른들은 폐쇄적인 집단에 속해 있으며 그 안에서 미움받지 않도록 필사적으로 노력한다. 특히 한심한 30대는 자신이 속한 폐쇄 집단 안에서 미움받지 않으려고 필사적으로 아첨한다.

그러나 아첨하면 할수록 주위 사람들은 '이것도 해줘.', '저것도 해줘.'라고 요구해오기 때문에 지옥 같은 인생에 들어서게 된다. 그것을 꾹 참고 있다가 계속 쌓이면 어느 날 갑자기 폭발해버리는 것이다.

성공하는 사람은 싫은 사람을 좋아하려고 노력하지 않는다. 노력한다고 해서 사람을 좋아할 수 없다는 것을 알고 있기 때문이다. 인사 등 최소한의 예의만 제대로 지키고 그 후에는 무관심하게 내버려두면 된다.

63

감사 인사는 전화로 하지 마라

신세를 졌으면 곧바로 답례장을 보내라

성공을 방해하는 한 마디

악필이라서. 메일보다는 전화가 낫잖아?

신세를 졌을 때 전화로 감사 인사를 전하는 사람이 있다. 원래 윗사람에게 신세를 졌을 때는 반드시 답례장을 보내야 한다. 전화로 하는 감사 인사는 상대방의 시간에 흙 묻은 발로 뛰어드는 행위다. 개중에는 상대방이 중요한 회의나 입욕 중에 당황해서 전화를 받는 경우도 있기 때문이다. 만약 당신이 '그건 회의 중이나 입욕 중에 전화를 받는 쪽이 잘못한 거지.'라고 생각한다면 그 발상 자체가 이미 감사의 마음을 잊고 있다는 증거다.

상대방의 입장에서 보면 '또 무슨 일이 생긴 것은 아닐까.'라는 걱정에 다른 일보다 우선하여 전화를 받아주었다고 생각해야 한다.

그런데 '일전에는 정말 감사했습니다.'라는 말을 듣는다면 기분이 어떨까. '이 사람과는 두 번 다시 얽히지 말자.'라고 생각할 것이다. 이것은 내가 만나온 3,000명이 넘는 임원들에게 들은 이야기다. 그때마다 나는 '전화로 감사 인사를 해서는 안 되겠구나.'라는 것을 배우게 되었다.

64

절대로 물들지 말아야 할 습관

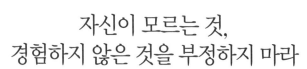

자신이 모르는 것,
경험하지 않은 것을 부정하지 마라

자신의 무지를 자각한다

성공을 방해하는 한 마디

말도 안 되는 이야기를 하는 사람이 많아.

한심한 30대는 부정하는 것을 좋아한다. 누군가 새로운 아이디어를 내면 '제대로 된 과학적 증거가 있습니까?'라고 거만한 태도로 따져 묻는다. 그렇다고 해서 자신에게 별달리 뾰족한 아이디어가 있는 것도 아니다. 그렇기 때문에 평생 다른 사람의 말꼬리만 잡고 늘어지다가 인생을 마친다. 또한 자신의 이야기를 들어주기 바랄 때 아무도 그의 말에 귀 기울이지 않게 된다. 그 원인은 모두 자기 스스로 만들어내고 있는 것이다.

성공하는 사람은 자신의 상식을 뛰어넘는 이야기라도 반드시 관심을 갖고 귀를 기울인다. 이 세상에는 자신이 모르는 것이나 이해하지 못하는 일이 무한대로 존재한다는 것을 잘 알고 있기 때문이다.

자신이 얼마나 무지한지는 공부하는 자만이 깨달을 수 있다. 무지를 확인하는 것이 공부다. 그렇기 때문에 공부하지 않은 자는 항상 부정하고 공부하는 자는 항상 귀를 열어둔다. 그 결과 공부하지 않은 사람 주변에는 사람들이 떠나가고 공부하는 사람 주변에는 사람들이 모여든다.

천재 과학자 아인슈타인은 다음과 같은 말을 남겼다.

"상식이란 열여덟 살까지 몸에 익힌 편견의 컬렉션이다."

65

첫인상에 너무 집착하지 마라

평가는 일의 내용으로만 결정한다

성공을 방해하는 한 마디

겉모습이 90%라는데.

한심한 30대는 최신 트렌드로 무장하고 있어도 어딘가 어설프다. 멋진 옷을 입고 다른 사람의 호감을 이끌어내는 것 자체는 나쁘지 않다. 하지만 일은 항상 성과로만 평가받기 때문에 첫인상과의 갭이 심할수록 무능함이 두드러진다.

유감스럽지만 인간의 심리란 그런 것이다. 이것은 컨설팅 업계에서도 마찬가지다. '도쿄대 출신', '하버드 MBA 출신'을 내세우며 잘난 척해도 막상 프로젝트가 진행되고 문제가 발생했을 때 발뺌해버리면 '한심한 놈'이라는 인상만 강하게 남는다.

첫인상이 중요하는 사실은 부정할 수 없지만 가장 중요한 요소는 아니라는 점을 기억하자. 장기적으로 성공하는 사람 중에는 오히려 첫인상이 수수한 사람이 많다. 깔끔하고 차분한 복장을 하고 있지만 막상 일이 시작되면 발군의 실력을 뽐낸다. 내가 만난 진정한 성공자들의 대부분이 그랬다.

66

절대로 물들지 말아야 할 습관

책, CD, DVD는
다른 사람에게 빌리지 마라

빌린 물건은 피와 살이 되지 않는다

성공을 방해하는 한 마디

한 번 보고 말건데 사는 것은 좀 아깝다.

책은 빌려서 읽는 것이라고 생각하는 사람이 있다. 책은 빌려서 읽는 것이 아니라 사서 읽어야 하는 것이다. CD나 DVD도 마찬가지로 돈을 내고 감상해야 하는 것이다.

한심한 30대의 머릿속은 늘 '어떻게 해야 공짜로 이익을 얻을까?'라는 생각으로 가득하다. 다른 사람에게 책을 빌려놓고 다음에 만날 때까지도 읽지 않는 경우가 많다. 책을 읽지 않았을 뿐더러 책장에 넣어둔 채로 영원히 돌려주지 않는다. 이렇게 해서 책을 빌린 사람은 신망을 잃어간다. 덧붙여 자신의 돈을 지불하지 않으면 겸허한 마음이 생기지 않기 때문에 그 내용도 자기 것으로 만들 수 없다.

공짜로 빌려 보면 무의식적으로 가볍게 여기는 마음이 생겨 배울 수 있는 것이 적기 때문이다. CD나 DVD 같은 경우 대여료를 지불하면 겸허한 마음으로 감상할 수 있어 보다 많은 것을 흡수할 수 있다.

성공하는 사람은 모든 프로그램에 대해 경의를 갖고 있기 때문에 애초에 공짜로 빌려 본다는 발상을 하지 않는다. 그것은 바로 다른 사람의 일에 경의를 표하고 있다는 증거이며 그 결과 자신의 일에도 긍지를 가질 수 있는 것이다.

67

절대로 물들지 말아야 할 습관

다른 사람과 만날 때는
휴대전화를 만지지 마라

상담 중이나 데이트 중에는 휴대전화의 전원을 끈다

성공을 방해하는 한 마디

바쁘니까 어쩔 수 없어.

스마트폰 중독이 사회적 문제가 되고 있다. 휴대전화가 손에 없으면 불안해서 견딜 수 없다는 사람들이 늘고 있으며 출퇴근길 전철 안을 보면 과반수 이상의 사람들이 휴대전화를 만지고 있다. 혼자 있을 때는 그나마 낫다. 하지만 중요한 상담이나 데이트 중에도 휴대전화에 신경을 쓰는 것은 명백한 매너 위반이다.

걸려온 전화보다 지금 눈앞에 있는 사람이 훨씬 소중하기 때문이다. 그 사람은 자신의 인생에서 소중한 시간을 할애해가면서 자신을 만나주고 있는 것이다. 그런 사실을 알면 아무렇지 않게 전화를 받는 행동이 얼마나 실례인지 깨닫게 될 것이다.

성공하는 사람은 다른 사람을 만나는 동안에는 결코 전화를 받지 않는다. 전화를 받지 않는 것은 물론 휴대전화를 꺼내는 일도 없다. 매너 모드라도 진동음이 시끄러울 수 있다. 무음 모드로 해놓거나 아예 전원을 꺼두는 것이 좋다. 그만큼 지금 앞에 있는 사람을 소중히 여겨야 하는 것이다.

68

절대로 물들지 말아야 할 습관

명함 케이스를 부풀리지 마라

받은 명함은 다음 날 명함첩으로 옮겨놓는다

성공을 방해하는 한 마디

최근에 이런 사람들을 만났어.

명함 케이스를 보면 그 사람이 성공할지 아닐지를 명확하게 알 수 있다. 성공하는 사람의 명함 케이스는 얇고 새 것 같다. 한심한 30대의 명함 케이스는 두툼하고 닳아서 해져 있다.

이유는 간단하다. 성공하는 사람은 명함을 교환하면 그날 안으로 메일이나 엽서를 보내고 명함은 명함첩으로 옮겨놓는다. 다음 날 명함 케이스 속에는 자신의 명함만 들어 있는 것이다. 게다가 그날 안으로 메일이나 엽서를 보낸다면 상대방도 아직 기억에 남아 있을 때이므로 인맥이 넓어질 가능성도 높다.

한심한 30대의 명함 케이스는 3개월 전에 받은 명함까지 빽빽이 들어 있어 보기 흉하게 부풀어 있다. 게다가 두툼하게 부푼 탓에 모서리가 닳아서 해져 있다. 3개월 전에 받은 명함이 아직도 들어 있다는 것은 명함을 교환한 뒤 아무런 정리도 하지 않았다는 것을 의미한다.

명함 수집가는 될 수 있겠지만 영원히 인맥이 넓어지는 일은 없을 것이다. 자랑하기 위해 몇 년 전에 받은 유명인의 바래진 명함을 소중히 갖고 있는 것은 소용없는 짓이다.

69

절대로 물들지 말아야 할 습관

무작정 성공한 사람들을
만나려고 하지 마라

먼저 자신의 실력을 기른 후 기회를 기다린다

성공을 방해하는 한 마디

만나고 싶은 사람이 있다면 곧장 만나러 가야 한다.

인맥을 넓히고 싶다면 무턱대고 사람들을 만나려고 하지 마라. 인맥이란 젊었을 때부터 수많은 사람들을 만나왔다고 해서 넓어지는 것이 아니다. 오랜 시간 꾸준히 인맥을 쌓아가는 것이 왕도라는 생각은 미담에 불과하다. 현실에서 인맥은 한순간에 역전되는 것이다.

한심한 30대가 10년 동안 착실하게 어울리며 소중히 여겨온 인맥은 혼자서 꾸준히 실력을 닦아온 사람의 한마디로 단숨에 밀려난다.

성공한 사람들은 실력이 없는 사람을 만나더라도 제대로 상대해 주지 않고 한 번뿐인 만남으로 끝내버린다. 게다가 그런 시간에 혼자서 자신을 갈고 닦을 수 있는데 이 시간이 사라져 버리는 것이다.

성공한 사람들 입장에서도 바쁜 시간을 쪼개 능력 없는 사람을 만나 이야기해봤자 시시할 뿐이다. 그럼에도 불구하고 억지를 부려 사람들을 만나려고 한다면 상대방의 수준을 낮출 수밖에 없다.

성공하는 사람은 충분한 실력을 기를 때까지는 무턱대고 성공자를 만나고 싶어 하지 않는다. 실력을 길러 출세하면 자연히 성공자와 일할 수 있게 된다는 것을 알고 있기 때문이다.

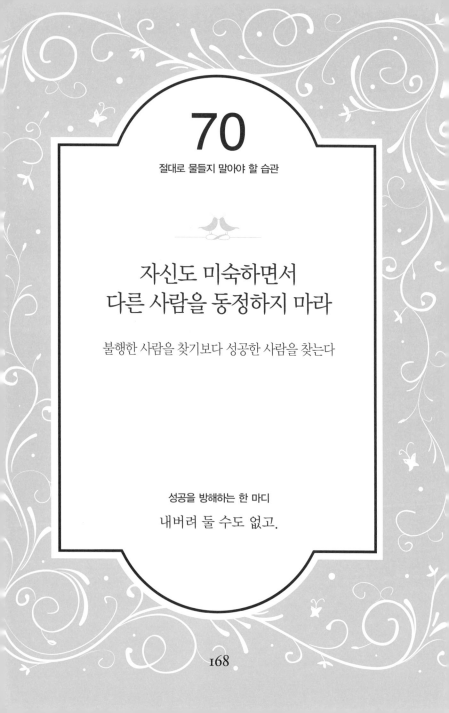

자신도 미숙하면서
다른 사람을 동정하지 마라

불행한 사람을 찾기보다 성공한 사람을 찾는다

성공을 방해하는 한 마디

내버려 둘 수도 없고.

가까운 사람의 성공에 박수를 보내기보다 가까운 사람의 불행을 동정하는 편이 훨씬 쉽다. 그렇기 때문에 한심한 30대는 동정하기 좋아한다. 동정은 자신보다 불행한 사람에게 하는 것이지 자신보다 행복한 사람에게는 하지 않는다. 그래서 항상 자신보다 불행한 사람을 찾아서 동정하고 자신이 얼마나 행복한지 확인하는 것이다.

이것을 반복하면 노력보다 동정하는 편이 편하기 때문에 노력하지 않게 된다. 이것이 성공하지 못하는 사람의 전형적인 패턴이다.

성공하는 사람은 다른 사람의 불행이 아닌 성공에 흥미를 가진다. 다른 사람이 성공하면 자신의 성공 목표도 동시에 높아지게 되므로 박수를 보낸다. 늘 성장하고 싶어 하기 때문에 구태여 불행한 사람을 찾아 동정하지 않는다.

진심으로 불행한 사람을 도울 생각이라면 압도적인 힘을 길러 자신이 세상을 바꿔나가는 것이 가장 빠른 지름길이다. 진정한 동정은 강자가 되고 나서 해도 된다.

맺음말

세상에는 한순간에 성공이 끝나버리는 사람과 지속적으로 성공하는 사람이 있다. 한순간에 성공이 끝나버리는 사람은 기차 좌석에 붙어 있는 주머니에 쓰레기를 쑤셔 넣어둔 채 내린다. 반면 성공이 지속되는 사람은 마치 그 자리에 아무도 앉지 않았던 것처럼 깨끗하게 정리하고 내린다.

또한 한순간에 성공이 끝나버리는 사람은 체크아웃 후의 방이 몹시 지저분하다. 청소하는 사람이 한숨을 내쉬는 모습이 눈에 선할 정도다. 반면 성공이 지속되는 사람은 체크아웃 후의 방이 마치 아무도 묵지 않았던 것처럼 깔끔하다.

성공이 지속될지 한순간에 끝날지는 결국 이 한 가지를 할 수 있느냐 없느냐에 달려 있다. 깔끔한 뒷정리. 단지 그 차이뿐이다. 즉, 체크아웃 후의 방의 모습이 당신이 살아가는 방식 그 자체라는 것이다.

성공하는 인생에서 중요한 것은 대학이 아니라 어린 시절 사장(沙場)에서 깨닫게 된 것이다.

습관에는 인생을 좌우하는 힘이 있다. 이 책을 읽고 좋은 습관을 실행할 수 있는지 없는지에 따라 당신의 미래가 결정될 것이다.

망설이는 당신에게 용기를 주는 말

'노력하면 보답 받는다.'고 믿는 당신에게

맞지 않는 분야에서 마지못해 20년 동안 노력해온 사람은 재기 넘치는 사람이 3개월 동안 몰입한 것에 못 당한다.

'최근 운이 나쁘다.'고 생각하는 당신에게

운이 나빠졌다면 지금 어울리고 있는 그룹에서 빠져 나와라. 운은 평소 어울리는 그룹에 의해 결정된다.

일에서 번번히 좌절하는 당신에게

좌절하고 다시 일어선 횟수와 그 사람의 미소의 아름다움은 비례한다.

'왜 저 사람만 평가받는 거야.'라고 생각하는 당신에게

조직의 평가는 오셀로 게임이다. 묵묵히 힘을 기르고 마지막에 뒤엎는 사람이 기필코 승리한다.

성공하는 30대가 되기 위해
절대로 물들지 말아야 할 70가지 습관

초판 1쇄 발행 l 2013년 12월 27일
초판 2쇄 발행 l 2014년 2월 17일

지은이 l 센다 타쿠야
옮긴이 l 유가영
펴낸곳 l 함께북스
펴낸이 l 조완욱

등록번호 l 제1-1115호
주소 l 412-230 경기도 고양시 덕양구 행주내동 735-9
전화 l 031-979-6566~7
팩스 l 031-979-6568
이메일 l harmkke@hanmail.net

ISBN 978-89-7504-599-8 03320

무단 복제와 무단 전재를 금합니다.
잘못된 책은 바꾸어 드립니다.